日本語教師・分野別マスターシリーズ

이해하기 쉬운

教授法

小林ミナ

日本語教育能力検定試験対応

「何を」「どうやつて」教えるか！

●主な内容●
コース・デザインの流れ／
教室活動の手順と特徴／
教材・教具の特徴と効果的な使い方／
評価の種類と目的／
外国語教授法と日本語教育

語文學社

머리말

◎이 책의 목적

「일본어를 가르치다」는 행위는 「무엇을 가르칠 것인가」 「어떻게 가르칠 것인가」의 2가지 측면에서 생각할 수 있습니다. 그 중, 이 책에서는 후자에 관하여 그 전체적인 부분과 각각의 내용을 알기 쉽게 기술했습니다.

◎이 책의 구성과 사용법

이 책은 총 5장으로 구성되어 있습니다.

제1장에서는 코스·디자인의 기본적인 흐름을 소개했습니다. 「일본어 교사란 어떤 직업일까?」라고 생각하시는 분은 제1장에서 그 일에 대한 범위와 대략의 내용을 이해하는데 도움이 될 것입니다. 제2장 이후부터는 실제 일본어를 가르치기 위한 방법이나 유익한 지식을 넣어서 설명했습니다. 각각 내용이 독립되어 있으므로 처음부터 순서대로 읽는 것 보다 흥미나 관심이 있는 장부터 읽으셔도 좋습니다.

각 장은 입문편·연습문제(기본문제, 응용문제)·전문가 편으로 구성되어 있습니다. 또한 각 장 페이지 첫 부분에는 목적 1, 2와 그 장에 씌어져 있는 내용의 개략을 기술했습니다. 목적1은 입문편의 내용에, 목적 2는 전문가편의 내용에 각각 대응합니다. 입문편은 일본어 교사가 되고자 막 공부를 시작한 분이나, 일본어능력검정시험의 합격을 목표로 하는 수험생의 기본적 개념이나 용어의 이해를 돕기 위해 기술했습니다. 이미 일본어 교사로 활동하고 계신 분들은, 지금까지 배운 지식과 단어를 정리하거나 자신이 하고 있는 교육활동을 다시금 되돌아보는 참고 도서로서 사용하시길 바랍니다. 또한 「국제교류관계 일을 하는 분」 「주위에 일본어를 배우는 친구가 있는 분」 등, 자신이 일본어를 가르치진 않지만 일본어 교육에 관심이 있고 어떤 분야인지 알고 싶은 분들은 그 개략을 알 수 있을 것 입니다.

기본문제는 입문편의 내용을 인식하기 위한 연습문제 입니다. 응용문제는 과거 일본어교육능력시험의 출제경향이나 형식을 참고하여 시험에 대비함으로써 더욱더 실질적인 연습문제가 되게 하였습니다.

전문가편에서는 입문편에서 몇 가지 토픽을 골라 교육현장의 관점에서 더욱더 깊게, 그리고 다면적인 검토를 할 수 있도록 기술했습니다. 각 분야의 모든 것을 포함하는 총괄적인 내용이 아닌, 일본어능력검정시험의 합격만을 목표로 한다면 이 전문가편이 필수는 아니겠지만 이 전문가편이 입문편의 내용을 더욱더 깊게 생각하는 계기가 될 것입니다.

◎용어의 정의

용어의 정의는 주로 아래의 책 5권을 참고 했습니다.
· 일본어 교육학회편(1991) <일본어 교육에 있어서의 코스·디자인> 범인사
· 일본어 교육학회편(1990) <일본어 교육 핸드북> 대수관 서점
· 田中望 저(1988) <일본어 교육의 방법-코스·디자인의 실제> 대수관 서점
· Crystal, D. (1997) *A Dictionary of Linguistics and Phonetics (4th edition)*, Oxford : Blackwell.
· Richards, J. C. et al. (1992) *Dictionary of language teaching & applied linguistics* (2nd edition), Essex : Longman.

용어 사용법에 차이가 있는 경우, 다음 3가지를 고려하여 규정하였습니다.
1. 가장 일반적인 해석이 되도록 함.
2. 이 책에서의 일관성 유지.
3. 직감적으로 알기 쉽도록 함.

이 분야에 한정된 것이 아니지만, 단어의 정의와 그것이 커버하는 범위와는 차이점이 있습니다. 예를 들면 「코스·시라바스」는 「코스에서 배우는 항목 일람표」라는 뜻인데, 그 정의에는 「코스에서 배우는 순서대로 나열되어 있는 항목」이라는 부분까지 포함하는 경우와 「50음순에서, 어떤 것이든 항목의 배열은 어떻든 상관없다」라는 두 가지 경우가 있습니다. 여기서, 중요한 단어의 정의가 복수인 경우에는 가능한 한 해설을 붙이고, 그 차이를 설명해 놓았습니다. 단어와 그 단어가 의미하는 바를 이해하기 위해서는 그냥 무조건 외우는 것 보다는 배후에 있는 개념이나 다른 정의가 생긴 배경을 아는 것이 중요합니다. 그리고 「OO이라는 단어가 참고서 A에서는 이런 의미이지만, 참고서 B에서는 보다 넓은 의미로 사용 된다」라고 하는 것처럼 그 의미를 입체적으로 해석한다면 이후의 공부에도 연결이 될 것 입니다. 이 책의 기술이 이를 위한 도움이 되길 기원합니다.

◎이 책에서 다루고 있지 않은 것

이 책에서는「일본어를 가르치는 것」에 중점을 두고 있고,「일본문화」나「다른 문화의 이해」와 같은 문화적 측면, 또「유학생 정책」이나「지방자치제의 지원체제」와 같은 정치나 행정적인 측면에 대해서는 다루고 있지 않습니다. 이 부분은 실제로 일본어를 가르치는 부분에서는 무시할 수 없는 부분이지만, 이 분야에 관해서는 다른 책을 참고하시기 바랍니다.

이 책을 정리함에 있어서, 다음 분들이 귀중한 의견과 자료를 주셨습니다.

中道眞木男님(국립 국어 연구소), 深田淳님(파듀 대학), 滝沢直宏님(나고야 대학), 佐藤豊님(ICU), 小林規님(홋카이도 대학), 城知子님, 小池眞理님(홋카이도 대학)께서는 모든 원고를 체크해 주시고 의견도 주셨습니다. 아루크 일본어 출판 편집부의 塩埼宏님, 土山富士美님에게는 늦은 원고 집필에도 불구하고 따듯한 격려를 해 주셔서 이 자리를 빌려 다시금 감사의 마음을 전합니다.

1998년 11월

小林ミナ(코바야시 미나)

はじめに

◎本書のねらい

「日本語を教える」という行為は、「何を教えるか」と「どうやって教えるか」という二つの側面に分けて考えることができます。このうち本書では、特に後者について、その全体像と個々の内容を分かりやすく記述することを目指しました。

◎本書の構成と使い方

本書は、全5章で構成されています。

第1章では、コース・デザインの基本的な流れを紹介しました。「日本語教師ってどんな仕事なのだろう」と思う方には、この第1章が、その仕事の範囲やおおよその内容を理解するのに役立つものと思います。第2章以下では、実際に日本語を教えるための手段や知っておくと有益な知識を取り上げ、説明しました。それぞれ独立した内容になっているので、はじめから順番にではなく、興味や関心がある章から読んでいただいても構いません。

各章は、入門編・練習問題（基本問題・応用問題）・エキスパート編から構成されています。また、各章のはじめのページには、ねらいⅠ・Ⅱとその章に書かれている内容の概略があります。ねらいⅠは入門編の内容に、Ⅱはエキスパート編の内容に、それぞれ対応しています。

入門編は、日本語教師を志して勉強を始めたばかりの方や、日本語教育能力検定試験の合格を目指して勉強中の方が、基本的な概念や用語を理解するのに役立つような記述を目指しました。すでに、日本語教師として教えていらっしゃる方には、これまでに学んだ知識や用語を整理したり、自分が行っている教育活動を改めて見直したりする際の、手近な参考書としても使っていただけると思います。また、「国際交流関係の仕事をしている」「周囲に日本語を学んでいる外国人の友人がいる」など、自分が日本語を教えるというわけではないけれど、日本語教育という世界に関心がある、どんなものか知りたいという方には、その概略を知っていただけるものと思います。

基本問題は、入門編の内容を確認するための練習問題です。応用問題は、日本語教育能力検定試験の過去の出題傾向や形式を参考に、受験に備えて、より実践的な練習問題となるようにしました。

エキスパート編では、入門編からいくつかのトピックを選び、教育現場の観点から、さらに深く、多面的に検討することを目指しました。決して網羅的な内容とはなっていませんし、日本語教育能力検定試験の合格だけを目標とするなら必須ではありませんが、このエキスパート編が、入門編の内容をさらに深く考えるための手がかりになれば望外の喜びです。

◎用語の定義

　用語の定義は、主に次の5冊を参考にしました。
　日本語教育学会編（1991）『日本語教育におけるコース・デザイン』凡人社
　日本語教育学会編（1990）『日本語教育ハンドブック』大修館書店
　田中望著（1988）『日本語教育の方法－コース・デザインの実際』大修館書店
　Crystal, D. (1997) *A Dictionary of Linguistics and Phonetics* (4th edition), Oxford：Blackwell.
　Richards, J. C. et al. (1992) *Dictionary of language teaching & applied linguistics* (2nd edition), Essex：Longman.
　用語の使い方に違いがみられる場合は、より一般的な解釈であること、本書の中で一貫していること、直感的に分かりやすいこと、の3点を考慮して規定しました。
　この分野に限ったことではありませんが、用語の定義やカバーする範囲には、往々にして違いがみられます。一例を挙げれば、「コース・シラバス」というのは、「コースで学習する項目の一覧表」という意味ですが、その定義には、「項目がコースで教えられる順序で並んでいる」というところまで含む場合と、「五十音順でも何でも項目の並び方はどうでもいい」とする場合の二つの立場がみられます。そこで、主な用語に複数の定義がみられる場合は、できるだけ諸説を取り上げ、その違いを説明するように努めました。用語とその意味するところを理解するには、ただ丸暗記するのでなく、背後にある理念や異なる定義が生み出された背景を知ることが大切です。そして、「○○という用語は、参考書Aではこういう意味だけど、参考書Bではより広い意味で使われているようだ」というように、立体的に解釈できるようになれば、今後の勉強にもつながります。本書の記述が、そのための一助になれば幸いです。

◎本書で扱っていないこと

　本書では、「日本語を教えること」に重点を置いており、「日本文化」や「異文化理解」といった文化的側面、また「留学生政策」や「地方自治体の支援体制」といった政治・行政的側面については取り上げていません。どちらも、実際に日本語を教えるとなれば無視できない側面ですが、これらの分野については、他書をご参照ください。

　本書をまとめるにあたり、次の方々に貴重なご意見、資料を賜りました。中道真木男氏（国立国語研究所）、深田淳氏（パデュー大学）、滝沢直宏氏（名古屋大学）、佐藤豊氏（ICU）、小林規氏（北海道教育大学）。また、城知子氏、小池真理氏（北海道大学）には、すべての原稿に目を通しコメントをいただきました。アルク日本語出版編集部の塩崎宏氏、土山富士美氏には、仕事の遅い筆者に、辛抱強く、おつきあいくださり、常に温かい励ましをいただきました。ここに記して、深く感謝の意を表します。

　　　　1998年11月　　　　　　　　　　　　　　　　　小林　ミナ

目 次

はじめに————3
日本語教育能力検定試験とは————8
過去問題にみる出題の傾向————13

第1章　コース・デザイン
入門編
コース・デザインとは————22
コース・デザインの重要性————24
ニーズ分析————25
目標言語調査————31
言語資料分析————36
シラバス・デザイン————39
カリキュラム・デザイン————44
エキスパート編————51

第2章　教室活動
入門編
教室活動の種類————58
言語技能別教室活動————60
産出技能のための教室活動————61
受容技能のための教室活動————76
統合的な教室活動————85
エキスパート編————90

第3章　教材・教具
入門編
主教材の選択≒コース・デザイン————98
教科書————100
モジュール型教材————101
生教材————102
テープ教材————103

ビデオ教材とレーザー・ディスク教材————104
　　CAIとCALL————105
　　マルチメディア教材————107
　　文字カード————108
　　五十音図————111
　　レアリア————111
　　絵教材・写真教材————112
　　OHP————113
　　スライド————115
　　ロール・カード————115
　　エキスパート編————120

第4章　評　価
　　入門編————126
　　コース・デザインと評価————126
　　テストの評価————128
　　テストの分類————130
　　テスト結果の処理————144
　　エキスパート編————150

第5章　外国語教授法と日本語教育
　　入門編
　　外国語教授法の歴史————156
　　16世紀から18世紀初頭の外国語教育————158
　　文法翻訳法に代わる教授法————159
　　構造言語学に理論的基盤をおく教授法————164
　　心理学、認知学習理論などに理論的基盤をおく教授法————167
　　コミュニカティブ・アプローチ————171
　　エキスパート編————178

参考文献————182
索引————184

日本語教育能力検定試験とは

　㈳日本語教育学会認定の日本語教育能力検定試験は、㈶日本国際教育協会が実施しており、日本語教育に関するものでは日本で唯一の公的に認められた試験です。ただし、医師の国家試験のように、この試験に合格しなければ絶対に日本語教師になれないというものではありません。しかし、この試験に合格すれば、自らの知識や能力の証明になりますし、履歴書の「資格」の欄に「日本語教育能力検定試験合格」と書くことができます。

　主催団体の発表資料によれば、試験の目的や内容・水準は以下のようになっています。

●試験の目的

　日本語教員となるために学習している者、日本語教員として教育に携わっている者等を対象として、その知識および能力が日本語教育の専門家として必要とされる水準に達しているかどうかを検定することを目的とする。

●内容と水準

　日本語教員として最低限必要な専門的知識・能力を習得させることを目的とする大学の学部における日本語教員養成副専攻課程と同等程度とする。

（「平成13年度日本語教育能力検定試験（日本語教育学会認定）受験案内」より）

　合格率は例年18～20％。かなりの難関と言えます。
　以下、平成13年度試験（平成14年1月27日（日）実施）までの実施内容に基づいて、試験の概要を説明しましょう。

◎受験資格

　学歴は問われません。ただし、その年度の4月1日における年齢が満20歳以上であること。つまり、試験当日に20歳であっても、その年度の4月2日以降に20歳になった人には受験資格がありません。

◎開催回数・時期・場所

年1回、例年1月下旬の日曜日に全国4地域(北海道地区・関東地区・近畿地区・九州地区)で行われています。

◎出題範囲

p.10を参照してください。日本語学、日本語教育に関する幅広い知識が問われます。ただし、全範囲にわたって出題されるとは限りません。

◎試験時間

筆記試験Ⅰ　140分／聴解試験　30分／筆記試験Ⅱ　100分

筆記試験Ⅰでは主に日本語学に関する知識を中心とした問題、聴解試験では音声分野を中心としたテープの聞き取りによる問題、筆記試験Ⅱでは日本語教育を中心とした実践的な問題が出題されています。

※試験については今後、内容等の変更もあり得ますので、毎年、秋に発売される受験案内で、新しい情報を必ず確認するようにしてください。
※なお、平成15年度より出題範囲と開催時期が変更になりますので、協会の発表を必ず確認するようにしてください。

試験についての照会先

財団法人　日本国際教育協会
　　　　　事業部　試験課　日本語教育能力検定試験係
〒153-8503　東京都目黒区駒場4-5-29
電話　03-5454-5215
　　　03-5454-5579 (24時間テレホンサービス)
ホームページ　http://www.aiej.or.jp/

●●●●●●●●●●●●●●●●●インフォメーション●●●●●●●●●●●●●●●●●

毎年、アルクでは「日本語教育能力検定試験　全国統一模擬テスト」を実施しています。本試験受験前の力試しとしてご利用ください。

■実施時期　毎年10月
■模擬テストについての問い合わせ先

　　株式会社アルク　日本語企画開発部　模擬テスト係
　〒168-0064　東京都杉並区永福1-44-12　永福中根ビル4F
　　電話　03-3323-8232　ファクス　03-3323-2021

出題範囲（現行・新）

現行（平成14年度まで）

*ただし、全範囲にわたって出題されるとは限りません。

領　域	主　要　項　目
1-1　日本語の構造に関する体系的、具体的な知識	
日本語学 概論	1．世界の中の日本語 2．日本語の特質 　　音声、語彙・意味、文法・文体、文字・表記、 　　言語生活等について 　　（1）対照言語学的に見た特質 　　（2）社会言語学的に見た特質
音声	1．音声器官と発音 　　名称と機能 　　調音法、調音点、調音者 2．単音レベル 　　音素と異音 　　異音の分布 　　音素記号と音声記号 　　母音の分類 　　半母音 　　子音の分類 　　五十音図とその拡大表 3．音節レベル 　　音節構造 　　音節（拍） 　　特殊音節 4．単語レベル 　　母音の無声化、その他環境による音声変化 　　アクセントの感覚・規則・表記 　　縮約形など、話し言葉の語形 5．文レベル・談話レベル 　　イントネーション 　　プロミネンス（卓立） 　　ポーズ 　　速さ
語彙・意味 語彙	1．基本語彙と基礎語彙 2．語彙の類別 　　使用者別・場面別・語種別・言語活動別・ 　　分野別・音声的特徴別・文法的機能別等 3．語構成 4．辞書
意味	1．語の意味 2．句の意味 3．文の意味 4．文章・談話の意味
文法・文体	1．語・文節のレベル 　　（1）品詞 　　　　名詞、動詞、形容詞、副詞、（助詞、助動詞、 　　　　複合助辞、その他） 　　（2）活用などの変化形式とその用法 　　　　名詞、動詞、形容詞

領　域	主　要　項　目
	（3）文節の構成 2．文のレベル 　　（1）文の種類 　　（2）文の成分 　　（3）単文の構成 　　（4）複文の構成 　　（5）構文と意味 3．文章・談話のレベル 　　（1）旧情報、新情報等 　　（2）話者の視点 　　（3）話法 　　（4）文章・談話における文の選択 4．言語生活と文体 　　（1）敬体と常体 　　（2）書き言葉、話し言葉 　　（3）男性語、女性語 　　（4）地域語と共通語 　　（5）フォーマル、インフォーマル
文字・表記	1．文字・記号の種類 2．文字・記号の使い方 　　（1）漢字仮名まじり文 　　（2）仮名遣い 　　（3）送り仮名 　　（4）外来語の表記 　　（5）漢字の書き方 　　（6）漢字の読み方 　　（7）記号の使い方 　　（8）辞書の使い方 3．文字表記の選択 4．文章の表記
1-2　その他日本語に関する知識	
言語生活	1．コミュニケーション 　　（1）パーソナル・コミュニケーションの場面、 　　　　条件、様式、媒体等 　　（2）マス・コミュニケーションの形態、媒体等 2．技能 　　（1）聞く 　　（2）話す 　　（3）読む 　　（4）書く 3．第二言語としての言語生活 　　（1）母語による言語生活との比較 　　（2）バイリンガリズム・マルチリンガリズム
日本語史	1．古代語と近・現代語 2．近・現代語の成立 　　（1）近代語 　　（2）現代語

領域	主要項目
2 日本事情（古典と文芸を含む。）	
	1. 日本の歴史・地理 　（1）日本の歴史　（2）日本の地理 2. 現代日本事情 　（1）現代日本の政治・社会 　（2）現代日本の文化
3 言語学的知識・能力	
言語学概論	1. 言語の本質 2. 言語能力と言語運用 3. 言語の普遍性と個別性（類型論を含む。） 4. 言語学と関連領域 5. 世界の言語 6. 各論 　（1）文法論　（2）意味論　（3）音韻論 　（4）語彙論　（5）文字・表記論
社会言語学	1. 言語変種 　（1）階層言語　（2）地域言語　（3）言語変化 2. 場面と言語 　（1）敬語と非敬語　（2）男性語、女性語 　（3）フォーマル、インフォーマル 3. 媒体 　（1）手紙、電話、書き言葉と話し言葉 　（2）マス・コミュニケーション、パーソナル・コミュニケーション 4. 言語使用・言語生活 5. 言語政策・言語教育
対照言語学	1. 比較言語学・歴史言語学と対照言語学 2. 言語体系と運用の対照 　音声、語彙・意味、文法・文体、文字・表記、言語生活等について 　（1）類似点と相異点　（2）母語の干渉、誤用分析 3. 言語行動・言語生活の対照
日本語学史・日本語教育史	1. 日本語学史 　（1）明治以前の研究の概略 　（2）明治以後の研究の概略 2. 日本語教育史 　（1）戦前の教育史の概略　（2）戦後の教育史 　（3）日本語教育と国語教育
4 日本語の教授に関する知識・能力	
教授法	1. 日本語教育の目的・方法 2. 言語教育と言語研究の関係 　（心理言語学的観点を含む。） 3. 外国語教授法 4. 日本語教育の基本語彙・基本漢字・基本文型 5. 習得過程 6. 指導手順・カリキュラム作成 7. 練習指導技術 8. 技能別指導法 9. 対象別・母語別指導法 10. 能力差・クラスサイズに対応する教授法 11. 学習段階による指導法 12. 添削技術
教育教材・教具論	1. 教材教具概論 　（1）目的　（2）期間　（3）場面　（4）レディネス 　（5）カリキュラム 2. 教材の具体的使用法 　（1）教材　（2）教育条件　（3）環境 3. 教育機器・教具
評価法	1. 評価の対象 2. 評価の目的と効果 3. テストの作り方 4. 評価の方法 5. 結果の分析
実習	1. コース・デザイン 2. 教案作成と教材選定 　（1）教壇実習に備えての教案作成 　（2）具体的指導案の作成

新（平成15年度以降）

*ただし、全範囲にわたって出題されるとは限りません。

区　分	主　要　項　目
1　社会・文化・地域	1．世界と日本 　（1）諸外国・地域と日本 　（2）日本の社会と文化 2．異文化接触 　（1）異文化適応・調整 　（2）人口の移動（移民・難民政策を含む。） 　（3）児童生徒の文化間移動 3．日本語教育の歴史と現状 　（1）日本語教育史 　（2）日本語教育と国語教育 　（3）言語政策 　（4）日本語の教育哲学 　（5）日本語及び日本語教育に関する試験 　（6）日本語教育事情： 　　　　世界の各地域、日本の各地域 4．日本語教員の資質・能力
2　言語と社会	1．言語と社会の関係 　（1）社会文化能力 　（2）言語接触・言語管理 　（3）言語政策 　（4）各国の教育制度・教育事情 　（5）社会言語学・言語社会学 2．言語使用と社会 　（1）言語変種 　（2）待遇・敬意表現 　（3）言語・非言語行動 　（4）コミュニケーション学 3．異文化コミュニケーションと社会 　（1）言語・文化相対主義 　（2）二言語併用主義 　　　（バイリンガリズム（政策）） 　（3）多文化・多言語主義 　（4）アイデンティティ（自己確認、帰属意識）
3　言語と心理	1．言語理解の過程 　（1）予測・推測能力 　（2）談話理解 　（3）記憶・視点 　（4）心理言語学・認知言語学 2．言語習得・発達 　（1）習得過程（第一言語・第二言語） 　（2）中間言語 　（3）二言語併用主義（バイリンガリズム） 　（4）ストラテジー（学習方略） 　（5）学習者タイプ 3．異文化理解と心理 　（1）社会的技能・技術（スキル） 　（2）異文化受容・適応 　（3）日本語教育・学習の情意的側面 　（4）日本語教育と障害者教育
4　言語と教育	1．言語教育法・実技（実習） 　（1）実践的知識・能力 　（2）コースデザイン（教育課程編成）、カリキュラム編成 　（3）教授法 　（4）評価法 　（5）教育実技（実習） 　（6）自己点検・授業分析能力 　（7）誤用分析 　（8）教材分析・開発 　（9）教室・言語環境の設定 　（10）目的・対象別日本語教育法 2．異文化間教育・コミュニケーション教育 　（1）異文化間教育・多文化教育 　（2）国際・比較教育 　（3）国際理解教育 　（4）コミュニケーション教育 　（5）異文化受容訓練 　（6）言語間対照 　（7）学習者の権利 3．言語教育と情報 　（1）データ処理 　（2）メディア／情報技術活用能力（リテラシー） 　（3）学習支援・促進者（ファシリテータ）の養成 　（4）教材開発・選択 　（5）知的所有権問題 　（6）教育工学
5　言語一般	1．言語の構造一般 　（1）言語の類型 　（2）世界の諸言語 　（3）一般言語学・日本語学・対照言語学 　（4）理論言語学・応用言語学 2．日本語の構造 　（1）日本語の構造 　（2）音声・音韻体系 　（3）形態・語彙体系 　（4）文法体系 　（5）意味体系 　（6）語用論的規範 　（7）文字と表記 　（8）日本語史 3．コミュニケーション能力 　（1）受容・理解能力 　（2）言語運用能力 　（3）社会文化能力 　（4）対人関係能力 　（5）異文化調整能力

（注）「1　社会・文化・地域」「2　言語と社会」「3　言語と心理」「4　言語と教育」「5　言語一般」の5区分は、緩やかな関係ととらえ、優先順位を設けない。

（出典：財団法人日本国際教育教会（AIEJ）ホームページか

過去問題にみる出題の傾向

出題範囲

日本語教育能力検定試験(以下、検定試験)の出題範囲(p.10～12参照)のうち、本書で取り上げたのは、次の領域で、例年、筆記試験Ⅱでの出題である。

> 4　日本語の教授に関する知識・能力
> 　　教授法、教育教材・教具論、評価法、実習

出題範囲としては全体の1/4に過ぎないが、受験生—特に実際に教えた経験が少ない受験生—からは「この分野が一番難しい」という声を耳にすることが多い。その理由には、設問数の多さと出題範囲の広さがある。

● 設問数の多さ

筆記試験Ⅱでは、例年12～15の大問が出されるが、このうち、日本事情分野の設問（例年1～2問程度）を除いたすべてが、教授法の領域からの出題である。また、日本事情にしても、学習者に応じたトピックの選び方や、日本事情授業の教材の作り方・使い方など、「教え方」にかかわる設問がほとんどである。つまり、筆記試験Ⅱは、すべて教授法の領域といってもよい。

● 出題範囲の広さ

また、出題範囲は、取りあえず上記のように区分されてはいるが、実は、教授法の領域では、文法、音声、言語学などを含めた全領域の内容が深くかかわっている。

例えば、次に挙げるのは、平成7年度の筆記試験Ⅱでの出題である。

問題5　次の作文は、「日本に来てふしぎに思ったこと」という題で、来日以来200時間程度日本語を学んだ中国人学習者が書いたものである。この作文について、下の問い（問1～6）に答えよ。なお、各行の左側の数字は行番号を示す。

「日本に　来て　ふしぎに　思った　こと」
1　わたしは　半年まえ　中国から　日本に　着きました。わたしは　いろいろな
2　ことを　合いました。ある　日曜日　わたしは　家事を　しましたから、遊びに
3　行きたかったです。地図で　たくさん　公園　あります。わたしは　近い　公園を
4　選びました。そして、出かけました。歩いて　10分ぐらい、わたしは　空き地を
5　見ました。掲示板に　"向丘東公園"を　書いていました。公園の　中に、すこし

> 6 椅子や どろの 馬と 羊 あります。わたしは ほんと 驚いてした。中国の
> 7 公園は 広いです。日曜日に、子供と 親は いっしょに 公園に 遊びます。
> 8 一番 楽しいです。それで、わたしは その 小さい 公園が 驚いです。
>
> 問1　場所を示す表現に格助詞「で」または「に」をつけた場合、意味が違ってくるが、この学習者は、その区別があいまいだと考えられる。これについて次の問い(1)～(3)に答えよ。
>
> (1) 「で」と「に」の区別のあいまいさはどこの表現に現れているか。その表現を含んでいる行を、作文の行番号1～8のうちから二つ選び、解答欄のアとイに一つずつマークせよ。ただし、解答の順序は問わない。
>
> (2) 「で」と「に」の使い分けをこのレベルの学習者に説明する内容として、最も適当なものを、次の1～4のうちから一つ選べ。
> 　1　場所に「で」をつける場合は、範囲を表すときで、「に」をつける場合は、帰着点を表すときである。
> 　2　場所に「で」をつける場合は、広い場所を表すときで、「に」をつける場合は、狭い場所を表すときである。
> 　3　場所に「で」をつける場合は、後ろの動詞が行動やできごとを表すときで、「に」をつける場合は、状態を表すときである。
> 　4　場所に「で」をつける場合は、後ろの動詞が意志を表すときで、「に」をつける場合は、非意志を表すときや往来を表す動詞のときである。
>
> (3) (2)の説明で学習者が理解したかどうかを確かめるために、場所と動詞の組み合わせを示して単文を作らせたい。その組み合わせとして最も適当なものを、次の1～4のうちから一つ選べ。
> 　1　「大阪／行く」と「大阪／暮らす」
> 　2　「銀行／就職する」と「銀行／働く」
> 　3　「図書館／いる」と「図書館／本を読む」
> 　4　「アパート／住む」と「アパート／生活する」
>
> 問2　この作文を見る限りで、学習者に注意を促すべきことがらについて、最も必要なものを、次の1～4のうちから一つ選べ。
> 　1　動詞の種類による動詞と格の関係について
> 　2　従属節中の動詞を普通体とすべきことがらについて
> 　3　学習時間に対し基本的な語彙の獲得が不足していることについて
> 　4　文と文をつないで複文や重文にし、一文を長くすることについて

　これは、初級学習者の作文添削に関する設問だが、**問1(1)**では誤用の判別、(2)では「で」と「に」の用法、というように日本語の文法そのものについての知識が問われているし、問2では、選択肢にある文法用語が分からなければお手上げであろう。
　また、平成9年度の筆記試験IIには、

> 問題5　次の(1)～(5)の発音練習の教材について，それぞれ提示されている1～4のうち，下線部のイントネーションが他と異なるものを一つずつ選べ。
>
> (1)　1　やめなさい。みんな見てる<u>じゃない</u>。
> 　　　2　急いだらどう。彼女，待ってる<u>じゃない</u>。
> 　　　3　立ちなさい。おじいさんが立っていらっしゃる<u>じゃない</u>。
> 　　　4　目がうるんでるよ。熱がある<u>じゃない</u>。早く帰って寝たら。

といったように、文法だけでなく、音声に関する出題もみられる。

●理論と実践

設問の内容は、教授法、日本語学、応用言語学などの理論的知識と、「教室でどんな教材を使ってどう教えるか、学習者の質問や間違いにどう対応するか」といった実践的な指導技術に関するものの両面にわたる。従って、「現場経験だけ」あるいは「養成講座での知識だけ」というのでは、どちらも合格は難しい。

●独立問題から総合問題へ

それでも、これまでの検定試験では、「外国語教授法の特徴と提唱者を結びつける」「ある教材の特徴について適切な説明を選ぶ」「テストを作るときの注意点を挙げる」のように、各領域がそれぞれ独立して取り上げられ、基本的な知識そのものが問われることが多かった。そのため、教え方や教材に取りあえずなじみがある現職者にとっては、教授法史や評価法理論の参考書をひたすら読み、キーワードを覚えることが、理論問題対策として、ある程度有効だったのも事実である。

しかし、最近の出題傾向をみると、各領域が個々に問われる独立問題から、例えば「読解教材とその裏付けとなる教授法理論を結びつける（平成8年度筆記試験Ⅱ・問題7）」、「絵教材について適切なコメントを選ぶ（平成9年度筆記試験Ⅱ・問題4）」など、総合的かつ具体的な設問に変わりつつある。参考書をめくればどこかに正解が出ているというわけではないので、試験後に正解を知らされても、なぜそれが正解なのか分からない、あるいは解説を聞けば「ああ、なるほど」とは思うが、ほかの考え方もできるようにも思えて、自分が本当に分かったかどうか、いまひとつ確信が持てないという経験を持つ人も多いのではないだろうか。

●常識や受験テクニックではムリ

また、これまでの設問には、一般常識や勘を働かせれば正解にたどりつけるものが、ままみられた。例えば、次に挙げるのは、平成5年度筆記試験Ⅱの出題である。

問題12　次のような場面1〜7で、一般に外国人学習者Bから最も期待しやすい、すなわち出やすい発話と、最も期待しにくい、すなわち出にくい発話はどれか。それぞれのa〜dで示した組み合わせのうちから最も適当なものを一つずつ選べ。

場面1　(まちかどで、知人二人が話している。)
　A：疲れたし、のどもかわきましたね。
　B：ア　ええ、どこかでお茶を飲みましょうか。
　　　イ　ええ、どこかそのへんでお茶でも飲みましょうか。
　　　ウ　ええ、どこかそのへんでお茶を飲みましょうか。
　　　エ　ええ、どこかでお茶でも飲みましょうか。

　a　アが最も出やすく、イが最も出にくい。
　b　イが最も出やすく、ウが最も出にくい。
　c　ウが最も出やすく、エが最も出にくい。
　d　エが最も出やすく、アが最も出にくい。

教える順序や学習者にとっての難しさをまったく知らなくても、選択肢ア〜エをみれば、「どこか」vs「どこかそのへん」、「お茶を」vs「お茶でも」がポイントで、「それぞれ前者より後者の表現の方が、余計なものがくっついている分難しいにちがいない」と気付くのは容易であろう。基本的な受験テクニックでもある。そして、この二つの組み合わせから、正解aに至るのは、特に専門的な知識や経験を持っていなくても、それほど難しいことではない。

しかし、ここ数年の出題傾向をみると、このような問題が少なくなってきている。選択肢にも、一目でアヤシイと分かるものが減り、どれもそれらしく思える良問が多い。従って、今後は、丸暗記の受験勉強と一般常識だけでは、ますます合格は難しくなると思われる。

●学習者の多様化への対応

さらに、最近の出題傾向には、次のような変化がある。次に挙げるのは、平成8年度の筆記試験Ⅱの出題である。

問題5　次の教案1〜6はオーストラリアのある中学校で日本語・日本文化の授業をするために実習生が作った教案の概略である。それぞれの教案についての教師のコメントとして最も適当なものを後のa〜hのうちから一つずつ選べ。ただし、同じものを2度使ってはいけない。

対象：オーストラリアの中学生約20人　　　　日本語レベル：初級
時間：40分

教案1

「オーストラリアにはコアラがいます。」
「シドニーにはオペラ・ハウスがあります。」
「～には～がいます／あります」の文型導入，練習を行う。習った文型を使って，生徒の州や町に何があるか，何がいるか，だれがいるかを説明させる。

教案2

五つの動物の鳴き声を日本語でどのように表現するかを紹介し，英語の表現と対比させる。次に生徒を四人ずつのグループに分け，五つの動物の絵のピースを配り，教師が言った鳴き声を聞いてグループでその動物の絵のパズルを完成させる。

教案3

日本の中学校の一日の生活を紹介したビデオを見せ，オーストラリアの学校との違いをグループで話し合わせた後，指摘させる。次になぜ違いがあるのかその理由を考えさせる。また，それぞれの長所，短所を挙げさせる。

教案4

紙芝居を使って日本の昔話の一つを聞かせる。英語による説明をできるだけ少なくし，日本語の絵から直接に物語の流れを理解させる。次に物語の中に出てくる重要な日本語の表現をいくつか取り出し，練習する。

教案5

日本語の数字の1から20までが言えるように導入・練習する。次に生徒を四人ずつのグループに分け，生徒一人ずつにはしを渡し，はしの使い方を説明する。次に各グループに配られた皿の中の豆を各自に配られた紙コップの中にはしを使って入れさせ，制限時間内にだれがクラスで一番たくさん豆を入れられたかを競うゲームをする。

教案6

平仮名の「あ行」と「か行」をフラッシュ・カードを使って導入・練習する。次に書き方を練習する。最後に縦横3マス計9マスのカードを生徒に一枚ずつ配り，それぞれのマスに好きな平仮名9字を書かせる。そのカードを使ってビンゴゲームをする。

〈教師のコメント〉

a　生徒が発言する機会がなく，一方的に聞いている時間が多いが，日本語の練習は場面が与えられ，印象的になり，わかりやすい。日本文化の紹介にもなる。

b　生徒の発言，発表を促す活動が多いので，生徒は授業中自分の頭で考えていくこと

になるし、日本語をたくさん使う機会もある。
c　この授業の目的は何なのか、何ができるようになればいいのか生徒にとってわかりにくい。教える内容が少なすぎるため、ゲームが言語活動を促すものというより単なる遊びになってしまう。
d　前半の導入・練習でしたことが後半のゲームの中であまり必要ではなく、ゲームが十分に言語活動と結びつけられていない。また、わざわざグループ活動を行う意味があまりない。
e　生徒は、導入・練習で習った日本語を使って、実際にどんなことが言えるようになるのかがわかり、達成感が与えられる。
f　導入事項の十分な練習時間がとれないままゲームに入ることになる。ゲームのやり方を変えるか、アシスタントの教師をおいて、数名の教師が一人一人の生徒の活動を注意深くチェックしないと、ゲームが成り立たない可能性が高い。
g　前半の導入・練習でしたこととゲームが結びついているが、グループでゲームに参加することが導入事項の練習になるか、疑問である。導入事項が多すぎるので、半分ぐらいに減らすといい。
h　生徒間、生徒と教師の間のインターアクションが多いが、日本語はほとんど使えない。文化の違いに気づかせることはできる。

　これまでの検定試験で教育現場が提示される場合、ほとんどが「日本国内で成人学習者に文法項目を教える授業」であった。つまり、日本語学校であれ、ボランティア教室であれ、大学であれ、日本国内の多くの現場に共通する、最大公約数としての教室活動や学習者が設定されていたのである。しかし、ここで設定されているのは「オーストラリアの中学校での日本語・日本文化の授業」である。
　提示される現場が、日本国内から国外へ、成人学習者から中学生へ、言語プロパーから文化も含めた授業へ、といった広がりをみせたのは、日本語教育を取り巻く環境の変化を反映したものといってよいだろう。
　もちろん、「学習者の条件に応じて、最適な学習形態と教室活動を選ぶ（平成5年度筆記試験Ⅱ・問題7）」というように、学習者の多様化への対応に関する設問は、過去にもみられた。しかし、コースの全体計画からさらに踏み込んで、具体的な教室活動やフィードバックの方法が問われるようになったことは、多様な学習者への対応が一部の日本語教師だけの問題ではなくなってきたことを示しており、このような出題傾向は今後も続くものと思われる。

記述式設問

　検定試験は、マークシート方式で解答することになっているが、筆記試験Ⅱの一番最後に、唯一例外的に自由記述形式で解答するものがある。それが、教授法の領域の設問である。記述式設問では、学習者の誤用や質問に適切に対応できるかどうかが、「学習者に話すように書け」という設問に答えることによって測られる。過去11回の記述式設問は、次のような内容であった。

　　平成元年度　「明るいになりました」の訂正
　　平成２年度　「(場所)でいます／あります」の訂正
　　平成３年度　「まで／までに」はどう違うか
　　平成４年度　「明るみに出た」と「明らかになった」の違い
　　平成５年度　「広いと静か／広くて静か」はどう違うか
　　平成６年度　「～る時／～た時」はどう違うか
　　平成７年度　終助詞「ね」と「よ」の使い方の説明
　　平成８年度　「病院へ行くんですから」の訂正
　　平成９年度　「きれいそうですね」の訂正
　　平成10年度　「私の国の車は安いのに、よく故障します」の訂正
　　平成11年度　「バンコクへ行けば、父に連絡してください」の訂正

　ほとんどが、いわゆる初級レベルで取り上げられる文法項目について、①形や意味が似ている表現の違いを述べる、②不適切な発話を訂正する、のどちらかであり、この傾向もほぼ変わらないと思われる。

●記述式設問で測られているもの

　記述式設問では、往々にして自分が持つすべての知識を書こうとしがちである。しかし、「該当文型や表現について十分知っているか」という文法知識の量と同時に、「それらの知識を目の前にいる学習者に最適な形で加工できるか」という処理技術が測られていることを忘れてはならない。知っていることを、あれもこれもと盛り込んだために、かえって焦点がぼやけたり、情報が多すぎて学習者が消化不良を起こしたり、という答案は避けたい。

●現場経験の有無と記述式設問対策

　現職者には、出題の意図（＝解答のポイント）をくみ取ることは簡単であろう。しかし、まったく教えた経験がない人の場合は、「開いている」と「開けてある」がどう違うかと言われても、意味的に同じところもあるし、そんなことは国語の授業で習ったことはないし、どこまで詳しく説明すれば十分なのか

見当もつかない、といった状態かもしれない。また、現職者であっても、実際に自分の学生に説明するときには、文法用語には英語を使ったり、もっと身近な固有名詞やエピソードで説明したりといった工夫をその時々に応じてしているはずで、必ずしも、日頃の経験がそのまま持ち込めるわけではない。

　従って、記述式設問の対策としては、未経験者であれば、「問題になりそうな文法項目と説明のポイントの洗い出し」、現職者であれば、「問題文の指示に沿った解答の書き方」に重点を置いて勉強するとよいだろう。

　「問題になりそうな文法項目と説明のポイントの洗い出し」のためには、日本語教師のための参考書だけでなく、学習者のための文法解説書も参考になる。「誤用をどう訂正するか」「どのような例文を使えば、形や意味が似ている表現の違いを分かりやすく示せるか」をできるだけたくさんシュミレーションしておこう。

　「問題文の指示に沿った解答の書き方」のためには、まず、学習者の日本語レベルを知って、説明に用いる語彙や文型の制限を把握することがポイントである。特に現場経験を持たない受験生には、『新日本語の基礎』（海外技術者研修協会編、スリーエーネットワーク）など、構造シラバスを採用している教科書を一読することをお勧めしたい。『新日本語の基礎Ⅰ』は、25課構成で、「100時間コース用として編纂された（「序」より）」とあることから、1課あたりの学習時間は4時間と割り出せる。「80時間程度の学習歴を持った学習者」とは、『新日本語の基礎Ⅰ』であれば、20～21課を学習している学習者を想定すればよいのである。また、「私は、昨日、鎌倉へ行ったことがあります」という文が、なぜ不適切なのかを、このレベルの学習者に説明するには、「～タコトガアリマス」が提出される19課以前の語彙と文型を使わなければならないことが分かる。初めは、教科書と首っ引きで構わないから、その時点で使える文型と語彙という学習者の日本語レベルについての感覚を身につけてほしい。しかし、例えば、「食べます（マス形）」と「食べて（テ形）」であれば、ほとんどすべての教科書で、マス形が先に提出されるが、「食べます」と「食べる（辞書形）」、あるいは、「食べてください」と「食べています」では、教科書によって提出順が異なる。記述式設問で前提とされる既習時間数やレベルは、それほど厳密に特定されたものではないから、このあたりの提出順や使用文型には、それほど神経質になる必要はない。従って、「これはどちらでもよい」という見極めも含めたレベル感覚を養おう。

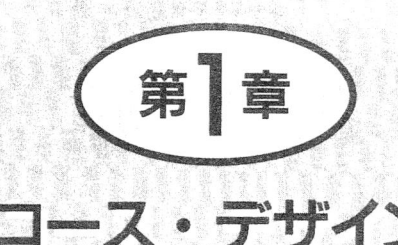

第1章 コース・デザイン

> **ねらい**
> I. コース・デザインの基本的な流れを知ることにより、日本語教師として必要とされる知識や技術の範囲、内容を理解する。
> II. コース・デザインとニーズ分析の重要性を再認識する。

日本語教師という仕事

　日本語を教えるために必要な知識や技術とは、どのようなものだろうか。「日本語教師」という言葉からイメージしやすいのは、教室で黒板を背にして立ち、文法や単語の意味を説明する光景かもしれない。そうであれば、「姉のアクセントはア̄ネかアネ̄か」「机ノ上ニ辞書ガイルと言えないのはなぜか」など、日本語そのものについての知識が必要であることは、すぐに思いつくだろう。

　それとともに必要なのが、いつ・何を・どう教えるかという、教え方についての知識と技術である。それらは、「『ア̄ネ』と発音できない学生には、どんな発音指導をすればいいか」「イルとアルの違いを、学生にどうやって説明するか」といった、教室での指導技術にとどまるものではない。本章では、コース・デザインの基本的な流れをたどることによって、日本語教師として必要とされる知識や技術を理解する。

入門編

コース・デザインとは

　例えば、知り合いの外国人に、日本語を教えてほしいと頼まれたとする。最初のレッスンまでに、あなたはどんなことをするだろうか。

　どんなことを教えてほしいか詳しく尋ねる、週に何回ぐらい教えてほしいか希望を聞く、書店へ行って日本語の教科書を選ぶ、中学や高校で使っていた英語の教科書を取り出して眺めてみる。その人がどの程度日本語ができるのかも知りたいし、いつまで日本にいるのか、日常生活でどのぐらい日本語を使うのか、なども知りたいだろう。

　では、1対1のプライベート・レッスンではなく、10数名のグループ・レッスンを頼まれた場合はどうだろう。10数名の中には、ほかの人より日本語ができる人がいるかもしれないし、予習復習に割ける時間が人によってばらばらかもしれない。その場合は、時間帯をずらしたり、友人に応援を頼んだりして、2クラスに分けて教えた方が効率的かもしれない。そのときは、どんな基準で分けるのがよいだろう。どんなテストをするのがよいだろうか。また10数名のグループ・レッスンともなれば、どこかに、教室として定期的に使える場所を確保した方がよいかもしれない。和室で畳敷きだが無料で借りられる公民館と、いす、机、ホワイトボード、ビデオデッキなどが備わっているが借料がかかる会議室では、どちらを選ぶのがよいだろう。

　このように、いざ日本語を教えるとなれば、さまざまな事柄を考慮して、準備を進める必要がある。コース・デザインとは、コースを実施する上で必要とされる、このようなすべての作業の総体を指していう。言い換えれば、コース・デザインとは、日本語教師に必要とされる知識や技術のリストといえる。図1は、コース・デザインのおおよその流れである。次ページから、この流れに沿って、一つ一つをみていこう。

図1 コース・デザインの流れ

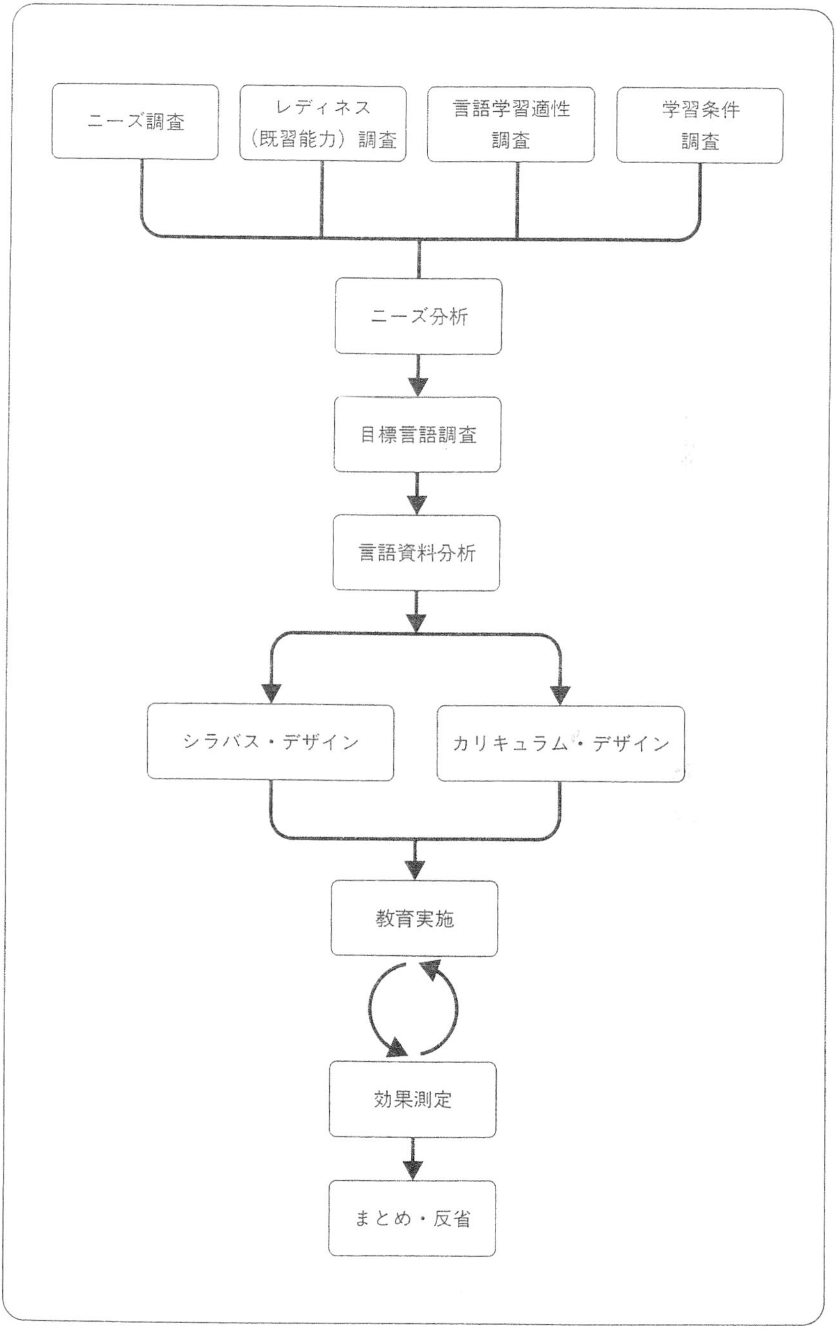

```
┌─────────┐ ┌──────────┐ ┌──────────┐ ┌──────────┐
│ニーズ調査│ │レディネス │ │言語学習適性│ │学習条件  │
│         │ │(既習能力)│ │   調査   │ │  調査    │
│         │ │   調査   │ │          │ │          │
└─────────┘ └──────────┘ └──────────┘ └──────────┘
                    ↓
              ┌──────────┐
              │ニーズ分析│
              └──────────┘
                    ↓
              ┌──────────┐
              │目標言語調査│
              └──────────┘
                    ↓
              ┌──────────┐
              │言語資料分析│
              └──────────┘
                ↓      ↓
     ┌──────────────┐ ┌────────────────┐
     │シラバス・デザイン│ │カリキュラム・デザイン│
     └──────────────┘ └────────────────┘
                    ↓
              ┌──────────┐
              │ 教育実施 │
              └──────────┘
                    ↻
              ┌──────────┐
              │ 効果測定 │
              └──────────┘
                    ↓
              ┌──────────┐
              │まとめ・反省│
              └──────────┘
```

コースデザインの重要性

目標言語　　外国語教育において、学習の対象となる言語を**目標言語**（target language）という。日本語教育における目標言語とは、もちろん日本語のことである。しかし、ただ漠然と「日本語を学習する」というのでは、あまりに範囲が広すぎる。

学習目的　　日本の大学を受験したい、企業の日本支社への赴任が決まった、観光旅行で日本を訪れる、日本のアニメを吹き替えなしで見てみたいなど、**日本語学習の目的**は人によってさまざまである。大学受験を目指すのであれば、ある程度の時間をかけて、4技能（読む、書く、話す、聞く）をバランスよく身につける必要があるし、観光旅行だけのためなら、文法知識を積み上げていくよりも、決まった言い回しや表現を丸ごと覚えるほうが効率的である。企業の日本支社で働くなら、仕事に必要な専門用語や敬語も知っておいたほうがよい。

学習者　　また、日本語を学ぶのは、成人ばかりとは限らない。1998年9月の文部省調査によると、日本国内の公立小・中学校には、日本語教育が必要な外国人児童生徒が、1万6,835人在籍している。外国人児童生徒の場合は、日本語の学習と日本語による各教科の学習を同時に行えるように各教科の内容や進度に関連させた日本語のプログラムを整備する必要がある。

年少者　　しかし、国外の小・中学校で、いわば異文化理解学習の一環として日本語を学ぶケースでは、事情は自ずと異なるので、年少者だからといって、ひとくくりにできるものでもない。

学習者の多様化　　このように考えると、すべての学習者が満足する、唯一絶対の日本語コースというものを想定することが、いかに難しく、非効率的であるかが実感できる。限られた時間の中で、個々の学習者が効率よく学習目的を達成するには、それぞれにあった内容、形態の日本語教育が必要であり、そのためには、目前の学習者のニーズを的確につかみ、それに応じたコースをデザインする能力が、一人ひとりの日本語教師に、求められているのである。

ニーズ分析

入門編

ニーズ　　　　コース・デザインの出発点になるのが、**ニーズ分析** (needs analysis) である。「ニーズ」という言葉は、「消費者のニーズに応えた商品開発」、「国民のニーズにあった税制改革」といったように、日常生活の中でも、しばしば耳にすることがある。日本語教育における**ニーズ** (needs) とは、**学習者に必要な日本語のことをいい、ニーズ分析とは、学習者に必要な日本語を明らかにするプロセス**をいう。ニーズ分析は、ニーズ調査、レディネス（既習能力）調査、言語学習適性調査、学習条件調査の四つの調査結果に基づいて行われる。

ニーズ調査

ニーズ領域　　**ニーズ調査**とは、**学習目的や学習者が日本語を必要とする場面とそこで使われる言語技能についての情報を得るための調査**をいう。また**学習者が日本語を必要とする場面やそこで使う技能のことをニーズ領域**という。

　学習目的には、「大学を受験する」「日本の会社で働く」、「観光旅行をする」「日本の小学校に通う」などがあるが、このように大きくとらえただけでは十分ではない。例えば、「日本の会社で働く」という目的の場合では、会議に出席するか、そこでは日本語を使うか、書類を日本語で作成するか、どんな書式や内容の書類か、社外の人と話す機会があるか、それは取引先企業か一般の顧客か、住むのは社宅か民間アパートか、そこで大家と日本語で交渉する必要があるかなど、日本語使用にかかわる状況には、無限の選択肢がある。従って、ニーズ調査を行う際は、学習者が日本語を使う場面や技能について、具体的かつ信頼できる情報を得ることが重要である。

調査の対象　　ニーズ調査の対象には、学習者、先輩学習者、受け入れ側の三者がある。

学習者　　　　学習者：学習者本人のこと。

先輩学習者	先輩学習者：学習者本人と同じような目的や立場で、既に日本語学習を始めている者。
受け入れ側	受け入れ側：学習者がコミュニケーションをとる可能性のある周囲の人々。 「法的な受け入れ機関や書類上の保証人」といった厳密なものではない。ビジネスピープルであれば職場の上司や同僚、留学生であれば大学の指導教官や同級生、外国人花嫁であれば日本人である夫やその家族などを指す。
対象の選び方	ニーズ調査の対象として最も理想的なのは、この三者のうち、だれだろうか。日本語学習のニーズを一番よく把握しているのは、果たして学習者自身だろうか。 　結論からいうと、この三者には絶対的な優劣はない。調査対象は、「どんな情報が知りたいのか、それを的確に把握しているのはだれか」という観点から選ぶべきものである。 　先のビジネスピープルを例にとれば、日本の会社で働いたことのない学習者が、自らのニーズを明確に把握しているとは考えにくい。もし、同じポストで、既に働き始めている外国人（＝先輩学習者）がいるなら、その人に「どんなときに日本語を使うか」「日本語に関してどういうことで困っているか」を尋ねた方が、より適切な情報が得られるだろう。 　また、同じ質問を、日本人の同僚（＝受け入れ側）にしてみたら、どうだろうか。先輩学習者は「会社にかかってきた電話は、全部日本人社員が受けるから、自分は電話の応対をする必要がない」と答えたのに、日本人の同僚は「まったく電話に出てくれないから、仕方なく近くにいる日本人が代わりに取っている。そろそろ慣れてきたころだし、電話の応対ぐらいできるようになってほしい」と答えることだってあり得る。 　年少者の場合は、学習者本人も先輩学習者も、ニーズを明確に把握していない可能性があるので、本人よりも、むしろ両親や小・中学校の教諭（＝受け入れ側）など、周囲の大人から情報を得る方が有益である。

調査の方法	ニーズ調査には、**アンケート（質問紙）法**、**インタビュー（面接）法**の二つの方法がある。
アンケート法	**アンケート（質問紙）法**とは、質問項目を記した紙を配布し、そこに回答を記入してもらう方法である。図2は、ある日本語学校が、入学時に学習者に対して行っているニーズ調査の調査表である。
インタビュー法	**インタビュー（面接）法**とは、調査対象者に直接尋ねる方法をいう。

　先に挙げたアンケート法の長所は、比較的簡単に、大量の情報が、一定の形式で得られることにある。いったん、アンケート用紙を作ってしまえば、それを送る手間は10名でも50名でも、それほどかわりはないし（コピーや郵送にかかる費用は人数に比例する）、結果はアンケート用紙の項目に沿って、とりまとめていけばよい。その反面、質問内容や答え方を事前によく練っておかないと、欲しい情報が得られなかったり、質問を誤解されて見当違いの答えが返ってきたりする危険性がある。

　これに対して、インタビュー法では、10名と50名ではかかる時間が5倍違うし、相手によって話の流れが違うので、結果のとりまとめが機械的にできないなど、アンケート法より実施に時間や労力がかかる。しかし、教師が気づかなかったコメントが得られたり、その場に応じてさらに突っ込んだ質問ができたり、といったように、アンケート法より詳しく、より具体的な回答が得られるという長所がある。

図2〈日本語学習に関するアンケート〉

これは、あなたが日本語を使う環境を知り、×××大学の日本語コースを改善するための資料とするアンケートです。結果を他の目的に使うことはありませんので、思った通りにお書きください。回答は、日本語、英語のどちらでも結構です。どうぞよろしくお願いいたします。

Ⅰ あなたのことを教えてください。
氏名：＿＿＿＿＿＿＿＿＿＿＿＿＿＿　性別：　男　　女　年齢：＿＿歳
国籍：＿＿＿＿＿＿＿＿＿＿＿＿＿＿　母語：＿＿＿＿＿＿＿＿＿＿＿＿＿＿語
所属：＿＿＿＿＿＿＿学部／＿＿＿＿＿＿研究科（修士、博士）
来日年月：＿＿年＿＿月
日本に来る前に日本語を勉強しましたか：はい（期間＿＿＿＿　場所＿＿＿＿）　いいえ

Ⅱ あなたの日本語環境について教えてください。
a あなたが日本語を必要とするのは、どのようなときですか。次の1～20について、それぞれあてはまるところに○をつけてください。よくわからないときは、質問番号に？をつけてください。これ以外に必要なものがあれば、下のその他の欄に書きこんでください。

	まったく必要としない	必要かもしれない	とても必要である
	0	1	2
(1) 講義を聴く			
(2) 講義で配布資料を読む			
(3) ゼミで発表する			
(4) ゼミでディスカッションをする			
(5) 教科書を読む			

(中略)

(18) 事務室で事務の人と話す			
(19) ホームステイに行く			
(20) 日本語で手紙を書く			

その他

※調査表は、同じ内容の英語版、中国語版、スペイン語版が用意され、学習者に応じて選べるようになっているが、ここでは便宜的に日本語版のみを取り上げた。

レディネス調査

レディネス (readiness) とは、「用意ができていること、準備状況」といった意味で、最も限定された意味では**学習者が既に身につけている日本語能力**をいう。〔本書では、レディネスをこの意味で用いている。しかし、文献によっては、日本語能力についてだけでなく、後述の言語学習適性や学習条件（→ p.30）も含んだ広い意味で用いられることもある〕

レディネス（既習能力）調査とは、ここでは**学習者の日本語能力を知るための調査**をいう。レディネス調査には、筆記テストやインタビュー（面接）が用いられる。

既習者と未習者

何らかの日本語学習経験を持つ者を**既習者**といい、まったく持たない者を**未習者**という。レディネス調査は、日本語の既習能力についての調査であるから、未習者に対して行う必要はない。

言語学習適性調査

言語学習適性(language aptitude)とは、**学習者が言語学習について持っている能力**のことで、未知の言語音を聞き分ける能力、文法に関する感受性、言語を機能的に学習する能力、暗記力などの、異なる能力の組み合わせだと考えられている。言語学習適性が高い学習者と低い学習者がいて、他の条件がまったく同一であるなら、適性が高いほうが、短期間で効率的な言語学習に成功する確率が高いことが予測される。

言語学習適性を測るためのテストを、**言語学習適性テスト**(language aptitude test → p.135) という。レディネス調査が既習者のみを対象とするのに対して、言語学習適性調査は、既習者と未習者双方が対象とされる。実際の教育現場では、時間的な制約などから、既習者にはレディネス調査、未習者には言語学習適性調査のみ実施されることがある。

学習条件調査

学習条件調査とは、日本語学習にかかわるさまざまな条件についての調査をいい、次のようなものがある。

> 学習者の背景情報
> 母語／使える外国語、文化的背景、外国語学習の経験、外国へ行った経験、興味や関心、学習スタイル（どういう学習方法が好きか、これまでどうやって外国語を学んできたか）、外国語学習に対する信念（外国語学習にどういう意見、印象を持っているか）など。

> 学習にかかわる外的環境
> 経済的条件（授業料、教材購入などにかけられる費用）、時間的条件（教室内外で日本語学習にどのぐらいの時間が割けるか）、所有機器など。

例えば、仕事が忙しく、授業時間以外にまったく学習時間が取れない学習者に、予習復習を望むのは難しいし、個人で自由に使えるテープレコーダーを持っていない学習者に、聴解の宿題は出せない。反対に、通勤や通学の往復時に毎日１時間ずつウォークマンを聞けるなら（そして学習者もそれを望むなら）、そのためのテープ教材を準備してもよいだろう。周囲に気軽に話し相手になってくれる日本人がいるなら、教室で習ったことを、実際に使ってみるような宿題を与えることもできる。

ニーズ調査≠ニーズ分析

このようにして、ニーズ調査、レディネス（既習能力）調査、学習適性調査、学習条件調査の結果が得られたら、その結果を分析することが、ニーズ分析における一連のプロセスの最後の作業である。ニーズを分析する上で、最も基本となるデータはニーズ調査の結果であるが、その結果を適切に解

釈するために、そのほか三つの調査結果が手がかりを与えてくれる。

なお、本書では、ニーズ分析をニーズ調査のいわば上位概念として位置づけ、この二語を異なった意味で用いている。しかし、文献によっては、ニーズ分析という語を、（本書でいう）ニーズ調査の意味で使ったり、この二語を区別せずに同じ意味で使ったりする場合もある。

目標言語調査

ニーズ分析によってニーズが確定したら、**そこで実際にどんな日本語が使われているか（＝言語運用）**を調べて、言語資料を得る。これを、**目標言語調査**という。例えば、ニーズ分析によって「郵便局に行く」というニーズが得られたら、郵便局の窓口で実際にどのようなやりとりが行われるかを調べるのである。

調査の方法　　目標言語調査には、**実態調査、意識調査、教師の内省**の三つの方法がある。

実態調査　　**実態調査**とは、そこで行われるコミュニケーションを観察し、テープやビデオに記録する方法である。録音や録画が難しい場合は、メモを取るだけ、あるいはその場では観察するだけにとどめ、後で思い出しながら記録を作る、という方法もある。録音・録画をした場合は、それを書き起こし、文字化資料を作成しておく方が、テープのままでとっておくより後々の使い勝手がよい。

また、「大学を受験する」というニーズのために過去の入試問題を取り寄せたり、「ゼミの発表資料を作る」というニーズのために、そのゼミで日本人学生が作った発表資料を見せてもらうというのも実態調査の一部である。

実態調査は、「実際にどんな日本語が使われているか」を知る上で、極めて信頼できる言語資料を提供してくれる。その反面、一つ一つの調査にかなりの時間と労力を費やし、そ

こから得られた結果が、どこまで一般的な結論を反映しているかなかなか断言できない、という欠点もある。郵便局、銀行、デパートなど、録音や録画が許されない場所は多いし、まったくの部外者は観察することすら許されないニーズ（会社での営業会議、病院での診察）もある。

意識調査

上に述べたような実態調査の難しさを補うものが、**意識調査**（図3、4）である。これは、質問を作成したり、状況を提示したりして、「そこでどう言うか」を答えてもらうものである。

この方法なら、部外者の観察が難しいニーズについても、調べることができるし、一つの状況について複数の人に尋ねて、日本人の中でのばらつきを調べることも簡単である。

図3　インタビューによる意識調査の例

図4　アンケートによる意識調査の例

日本人の日本語使用について調べています。次のような状況で、なんと言いますか。ぱっと思いついたことをお書きください。

状況1　自動販売機でジュースを買おうとしたら、10円足りないので、貸してもらいたいと思っています。
　　　一緒にジュースを買おうとした同性の友人に→
　　　_____

　　　一緒にジュースを買おうとした家族に→
　　　_____【　　】
　　　（家族のだれを思い浮かべましたか。【　　】の中に妻45、妹18、息子5…のようにあなたとの関係と年齢をお書きください）

言語運用の実態と規範意識

しかし、意識調査の結果は、あくまで「意識」についてのものであり、その人がその状況で本当にそのように言うのかは、保証されていないことに注意する必要がある。意識調査で得られた言語資料には、**言語運用の実態**ではなく、**規範意識**（「こうあるべきだ」という意識）が反映しているかもしれない（図5参照）。

図5　実態と規範意識のずれ

教師の内省

内省とは自らを省みることで、**教師の内省**というのは、教師が自分自身に対して行う意識調査ともいえる。母語話者の日本語教師であれば、教師の内省は、言語資料が最も手早く得られる方法である。簡便さという点では、上の意識調査よりも優れているが、資料の少なさからくる偏りは排除できない。また、ある程度まとまった長さの会話では、実際の使い方とかけ離れた結果になることもある（→ p.34資料1、2）。

言語資料の特徴と限界

以上、みてきたように、これら三つの方法には、それぞれ一長一短があるし、「実態調査の意義は分かるけれど、できることしかできない」というのが現実であろう。しかし、どの方法を採るにせよ、そこで得られる**言語資料の特徴や限界**を知っておくことが大切である。次に挙げた資料1、2は、どちらも「留守中に宅配便業者が配達に来たようなので、営

業所に電話をかけて再配達を頼む」という電話の会話の例である。一つは「実際にあった会話の文字化資料（＝実態調査）」で、もう一つは「日本人大学生に状況を提示して作ってもらった会話例（＝意識調査）」である。どちらがどちらであるかは、一目瞭然であろう。

資料1

```
(電話の呼び出し音)
A：毎度ありがとうございます。　××運輸です　　　　　　　　　　はい
B：　　　　　　　　　　　　　　　　　　　　　　　あ　あの　あの

A：　　　　　　はいはい　　　　　　　　　　　配達員、誰になってますか
B：ちょっと留守にしてて　配達があったようなんですが

A：　　　　　　　　　　　　　　　××ですね。伝票番号どうなってますか
B：えと　あ　あ××さんです　　　　　　　　　　　　伝票　番号……

A：下の方に9けたの数字があると思うんですが
B：　　　　　　　　　　　　　　　　　ああ　　はいはいはい　ええと

A：　　　　　　　　　　　　　987の654321ですね　　　　ええと
B：98　76　54　321です　　　　　　　　　　　はい

A：お名前は　　　お電話番号は　　　　　　　　はい　これからご在宅ですか
B：　　　　××です　　　123の4567です

A：　　　　　　　　　　　6時には行けると思いますが　はいじゃお願いしまーす
B：ええと何時頃になりますか　　　　　　　　　あ　じゃ、よろしくお願いします
```

資料2

```
(電話の呼び出し音)
A：はい、××運輸です。
B：もしもし、××と申しますが、留守の間に配達に来ていたようなので、今から届
　　けてもらいたいんですが。
A：はい、わかりました。ご住所はどちらですか。
B：××です。
A：電話番号は何番ですか。
B：123の4567です。
A：では、すぐに伺います。
B：よろしくお願いします。
```

念のため、正解は「資料1：実態調査による文字化資料」「資料2：意識調査による会話例」です。

母語場面と接触場面	目標言語調査で配慮すべきものに、**母語場面**（native situation）と**接触場面**（contact situation）の違いがある。**母語場面とは母語話者（ここでは日本語母語話者）同士のコミュニケーション、接触場面とは母語話者と非母語話者のコミュニケーション**をいう。 　接触場面には、次のような特徴があるといわれている。 　1）**フォリナー・トーク**（foreigner talk）が現れる。 　2）母語場面とは異なる**コミュニケーション・ストラテジー**（communication strategy）が現れる。
フォリナー・トーク	**フォリナー・トーク**とは、**言語能力がそれほど高くない非母語話者と話す際に母語話者が使う話し方**をいい、次のようなものがある。 　1）不自然なポーズをあけたり、ゆっくり話したりする。 　　例　名前＜ポーズ＞は＜ポーズ＞何＜ポーズ＞です＜ポーズ＞か。 　2）簡単な語彙や文型に言い換える。 　　例　東京から参りま…、来ました。 　3）不自然に詳しく言い換える。 　　例　私は会社員、サラリーマン、ビジネスの仕事です。
コミュニケーション・ストラテジー	**コミュニケーション・ストラテジー**とは、**コミュニケーションを円滑に進めるために用いる手段**をいい、次のようなものがある。 　1）語彙力の不足を補うために知っている語で言い換える。 　　例　<u>病院で寝る</u>をしました（＝<u>入院</u>をしました）。 　2）ジェスチャーや擬音語を使う。 　　例　銀行の人はとても速く話しましたから、私は＜<u>バイバイのように手を振る</u>＞（＝銀行の人はとても速く話しましたから、<u>用事を果たせずに帰ってきた</u>）。 　　　　右から自転車が来て、それで<u>ボンッ</u>（＝右から自転車が来て、それで<u>衝突した</u>）。

　学習者が遭遇するのが、ほとんど接触場面であることを考えると、コースの内容に盛り込むかどうかは別にして、その特徴を把握しておくことが有効である。

言語資料分析

　目標言語調査によって、具体的な言語資料が得られたら、次に行うのが**言語資料分析**である。言語資料分析の目的は、言語資料から学習項目を抽出することである。ここでは資料1 (p.34) で示した「宅配便の再配達を頼む電話での会話」を例に考えてみよう。

　まず、語彙の観点からみてみる。p.37のリストA、Bは、電話会話に現れた単語を取り出し、五十音順に並べたものである。リストAは宅配便業者、リストBは客の発話である。

異なり語数　　二つのリストには、それぞれ47、34の単語数がみられる。このように、現れた単語の種類を数えて得られる語数を**異なり語数**という。リストA、Bの異なり語数は、それぞれ47語、34語である。

延べ語数　　これに対して、同じ単語が2回出てきた場合は、2語と数える方法がある。この方法で得られる単語数を**延べ語数**という。リストA、Bの延べ語数は、それぞれ72語、59語である。

基本語彙　　次に、単語の数ではなく、種類や内容の面からリストをながめてみる。リストAに出てくる「27. 伝票番号、38. 配達員」という単語は、私たちの日常生活でそれほど頻繁に用いられるものではない。しかし、宅配便についてのやりとりに限れば、この2語は頻繁に使われると思われる。このように、**ある特定の領域で広範に使用される語彙**を**基本語彙**という。学習者にとっての基本語彙を選定するのに、言語資料分析は極めて重要である。

基礎語彙　　これに対して、文法構造にかかわる助詞や助動詞、基本的な事物や概念を表す名詞や動詞など、**ある言語の基幹をなす語彙**を**基礎語彙**という。リストAの「2. ある」「10. 思う」「19. 下」などは、日本語の基礎語彙の例である。助詞「て (なっ<u>て</u>、し<u>て</u>)」は、リストA、Bのどちらにも、2回ずつ現れるが、その異形態 (allomorph) である「で (読ん<u>で</u>、泳い<u>で</u>)」はみられない。しかし、「書く→書いて」「食べる→食べて」という動詞の活用を教えるときには、「て」だけ

リストA（宅配便業者の発話）

	使用回数
1. ありがとうございます	1
2. ある	1
3. 行ける	1
4. 1（いち）	1
5. ～運輸	1
6. ええと	1
7. お電話番号	1
8. お名前	1
9. お願い	1
10. 思う／思い	2
11. か	3
12. が	3
13. 9（きゅう）	1
14. ～けた	1
15. 5（ご）	1
16. これから	1
17. ご在宅	1
18. 3（さん）	1
19. 下	1
20. し（する）	1
21. じゃ	1
22. す	2
23. 数字	1
24. 誰	1
25. て	2
26. です	3
27. 伝票番号	1
28. と	2
29. どう	1
30. 7（なな）	2
31. なる／なっ	2
32. に	3
33. 2（に）	1
34. ね	2
35. の	3
36. は	3
37. はい	5
38. 配達員	1
39. 8（はち）	1
40. 方（ほう）	1
41. ま	2
42. 毎度	1
43. ます	2
44. 4（よん）	1
45. 6（ろく）	1
46. 6時	1
47. ん	1
	計72

リストB（客の発話）

	使用回数
1. あ	5
2. あっ	1
3. あの	2
4. 1（いち）	2
5. ええと	3
6. お願い	1
7. か	1
8. が	2
9. 9（きゅう）	1
10. 5（ご）	2
11. 3（さん）	2
12. ?さん	1
13. し	2
14. じゃ	1
15. ちょっと	1
16. た	1
17. て	2
18. です	4
19. 伝票番号	1
20. 7（なな）	2
21. なり	1
22. 何時頃	1
23. に	2
24. 2（に）	1
25. の	1
26. はい	4
27. 配達	1
28. 8（はち）	1
29. ます	2
30. ような	1
31. 4（よん）	2
32. 留守	1
33. 6（ろく）	2
34. ん	1
	計59

入門編

でなく、「読む→読んで」「脱ぐ→脱いで」の「で」も同時に教える方がよい。基礎語彙については、言語資料に現れていなくても、適宜シラバスに取り込む必要がある。

　このほか、言語資料分析の観点には、文型、文末表現、名詞、相づちなどさまざまなものがある。

　言語項目ではなく、コミュニケーションに注目し、その特徴を記述、分析する方法もある。以下に例を挙げる。

1) 話の切り出し方
　　Aは、受話器を取って「毎度……」とあいさつをしているが、Bは、それには答えずにいきなり用件に入っている。「再配達をお願いします」という依頼の前に、「留守の間に配達があった」という状況説明を行っている。

2) 話の切り上げ方
　　AとBの発話がほとんど重なっている。

3) 名乗り方
　　Bは「～と申します」ではなく「～です」を使っている。

4) Aの質問の仕方
　　電話を尋ねるときは「お電話番号は」という言いさしだが、伝票番号や在宅確認には「伝票番号どうなってますか」「これからご在宅ですか」というように疑問文を使っている。

原型シラバス

　このように、何かの基準に従って言語資料を分析することで、その基準の数だけリストが得られる。このリストの総体を、**原型シラバス**あるいは**シラバス・インベントリー**（syllabus inventory）という。原型シラバスを基に行うのがシラバス・デザインである。

シラバス・デザイン

シラバス

シラバス (syllabus) とは学習細目一覧表ともいい、**学習すべき項目が並んでいるリスト**をいう。p.38で述べた原型シラバスには、その学習者には簡単すぎるもの／難しすぎるもの、必要なもの／不要なものなどが一緒くたに並んでいるし、何より全部扱うには時間が足りない。そこで、次に必要なのが、原型シラバスを刈り込んで「コースで教える項目」を選び出す作業である。この作業を**シラバス・デザイン** (syllabus design) という。

コース・シラバス

シラバス・デザインによって得られたリストを、**コース・シラバス** (course syllabus) または**教授シラバス**という。例えば、英語教科書の巻末に新出単語がアルファベット順に並んでいることがある。これはその教科書の「単語（語彙）シラバス」である。日本語教科書の巻末に、文型で引ける索引がついていることがある。これは「文型シラバス」の一例である。このように、コース・シラバスというのは、必ずしも学習する順序で並んでいるものではない。しかし、参考書によっては、「コースで教える項目が教える順序で並んでいるリスト」という意味で、コース・シラバスという語を使っている場合もあるので注意が必要である。

構造シラバス

教える項目を文法（文型、助詞、テンス、アスペクトなど）の観点から分類し、並べたものを**構造シラバス** (structural syllabus) または**文法シラバス** (grammar syllabus) という。私たちが中学、高校でお世話になった英語の教科書は、ほとんどが構造シラバスを採用している。

構造シラバスと文法シラバスという二つの語は、同じ意味で使われることが多い。しかし、実は、構造シラバスには、音声、文字、語彙など文法以外の観点を用いたものもある。例えば、音声なら、母音／子音／アクセント／プロソディなどの一つ一つがシラバス項目となる。構造シラバスをこのよ

うに広くとらえた場合は、文法シラバスは構造シラバスの下位分類の一つとなる。

機能シラバス　構造シラバスが、文や語の「形」に注目して構成されるのに対して、文全体がもつ「機能」や「意味」で分類、構成されたものが**機能シラバス**（functional syllabus）である。「コーヒーを飲みませんか」という文を、「他動詞の否定疑問文」ととらえるのでなく、「勧誘」の機能をもった表現として分類するのである。

文や表現をこのようにみることによって、構造シラバスでは異なるカテゴリーに分類される次の1)～5)が、「依頼」の機能をもった表現として、機能シラバスでは一つにまとめられることになる。

1) 辞書、貸して。
2) 辞書ある？
3) 辞書を貸してください。
4) 辞書をお借りできますか。
5) 辞書を貸してほしいです。

場面シラバス　買い物、郵便局、レストラン、区役所など、目標言語が用いられる場面や場所で分類したものを、**場面シラバス**（situational syllabus）という。場面シラバスでは「郵便局場面」で行う言語行動に必要な文型・語彙・言語技能などが、下位項目として記述される。

　例　郵便局場面
　　　　言語行動：切手を買う、小包を出す、公共料金を振り込む
　　　　文型：～枚ください、どのくらいかかりますか
　　　　語彙：切手、速達、振り込み
　　　　言語技能：料金を尋ねる／聞き取る、ATM画面の指示を読み取る。宛名を書く

タスク・シラバス　言語を使ってなされる行動によって分類したシラバスを**タスク・シラバス**（task syllabus）または**課題シラバス**という。「電話をかけて情報を得る」「言われた指示に従って地図を描く」のように、到達目標が具体的な形で設定されるので、

言語だけを学習するより効果的だといわれる。

スキル・シラバス

言語技能の下位分類である**マイクロ・スキル**（micro skill）によって分類されたシラバスを**スキル・シラバス**（skill syllabus）または**技能シラバス**という。「テレビのニュース番組を見る」という行動は、「新聞のテレビ欄を見てニュース番組の時刻を知る→ニュース番組の始まりを確認する→テロップを読み取る→重要な情報とそうでないものを聞き分ける→次の話題に移ったことを認識する……」のように、さらに小さいプロセスの積み重ねによって成立する複雑な活動であることが分かる。マイクロ・スキルとは、この一つ一つのプロセスで用いられる能力のことをいう。

マイクロ・スキル

トピック・シラバス

トピック・シラバス（topic syllabus）は、文字通りトピック（話題）によって分類されたシラバスである。**話題シラバス**ともいう。現実のコミュニケーションの中で、言語は、あるトピックについてまとまって現れるのが普通である。トピック・シラバスを用いることで、学習活動を自然なコミュニケーションに近づけられるし、学習者の興味、関心に合ったトピックを選択することで、学習意欲が高まるという効果もある。

トピックの分類には、「自然科学、政治、文化、芸術」といった図書分類、「xx事件、円高、少子化」のような社会事象、「家族、趣味、夏休み」のような身の回りの出来事など、さまざまな観点がある。

折衷シラバス

これまでみてきたいくつかのシラバスを組み合わせたものを、**折衷シラバス**または**複合シラバス**という。

大学受験を目指す学習者なら、構造シラバスを中心に据えるのがよいが、既に日本に住んでいるなら、日常生活のために、場面シラバスや機能シラバスの観点も取り入れた方がよい。来日後、すぐに地域のコミュニティの一員となり、日本語を使って生活していかなければならない外国人花嫁であれば、場面シラバスを中心とするのが効果的だが、構造シラバスを取り入れることによって今後の日本語学習の基礎となるような言語知識を体系的に積み上げていくことも必要である。

先行シラバスと後行シラバス

先行シラバス（a priori syllabus）、**後行シラバス**（a posteriori syllabus）というのは、シラバスがいつ完成するかに注目した言い方である。例として、中学校の英語の授業と英会話のプライベート・レッスンを考えてみる。

中学校の英語の授業では、どの教科書を使うかは、あらかじめ決まっており、授業もその内容に沿って行われる。もし、生徒が、自分が6カ月後あるいは1年後にどのくらい単語や文型を知っているかを知りたければ、新学期の開始前でも、学期の途中でも、テキストを調べればすぐに分かる。このように、教育が始まる以前に完成しているシラバスを、**先行シラバス**という。

これに対して、毎回トピック（将来の夢、好きなスポーツ、時事問題）だけを決めて、自由に会話し、分からないときや間違えたときだけ直してもらう、という英会話のプライベート・レッスンを考えてみる。6ヵ月後、1年後、自分が知っている単語や文型がどのくらい増えているかは、だれにも分からない。

しかし、毎回、新しく覚えた単語や文型を、ノートに書き留めておけば、6ヵ月後、1年後には、学習した項目のリスト（＝シラバス）が出来上がっている。このように、教育が終了した時点で完成するシラバスを後行シラバスという。**後行シラバス**は、「学習項目のリスト」であると同時に「学習活動の記録」でもある。

どんなに綿密なニーズ分析を行ったとしても、完璧なシラバス・デザインというのはあり得ないし、コースの途中で学習者のニーズが変化することもある。まったく柔軟性を持たない先行シラバスでは、そのような変化に対応できない。その反面、後行シラバスは、限られた期間で一定のレベルに達しなければならない学習者には、非効率的だし、教師の負担も大きい。また、複数の学習者から異なる希望が出された場合には対応しきれない、一つのコースに複数のクラスが開講されている場合、足並みがそろわない、などの欠点がある。

先行シラバスと後行シラバスは、柔軟性、可変性という点では、両極端に位置するものだが、実際には、このような説明通りにはなかなかいかないものである。p.42では、先行シラバスの例として中学の英語授業を取りあげた。しかし、"What is your hobby?（趣味は何ですか）My hobby is swimming.（水泳です）"という教科書の会話を学んだ後に、生徒が自分自身の趣味について話せるように、教科書にはない単語を教師が与える（例えば"camping, Sumo, dwarf-tree, karaoke"）といったケース、授業の進み具合によって、「25課以降はやらない」と学期途中で急に決めることもあるだろう。後行シラバスの例としてあげた英会話のプライベート・レッスンであっても、「その週のJapan Timesから話題を探してきてください」のように話題が選びやすいような配慮をすることもある。

プロセス・シラバス

　このように、実際の教育場面では、先行シラバスであれ後行シラバスであれ、その長所短所を補うために柔軟に対応するのが普通であるが、さらに積極的に、改変を最初から予定しておくシラバスがある。それを、**プロセス・シラバス**（process syllabus）または**過程シラバス**という。プロセス・シラバスは「学習の目標は到達点だけでなくその過程にもある」という考え方を背景にもち、教師が一方的に決めた計画に学習者が従うのではなく、教師と学習者が共に話し合って決めていくことに重点をおく。話し合いに参加することによって、学習者自身の自覚や責任を促すという意味もある。

　典型的なプロセス・シラバスでは、「何のために何をいつどのように学ぶのか」についても学習者自身が決定する。あくまで主体は学習者で、教師は助言者にすぎない。しかし、プロセス・シラバスを成功させるには、このような方法や到達目標について、学習者自身が明確な問題意識を持っていることが必要である。そこで、語学学習の特に初期の段階では、例えば、先行シラバスとして緩やかな機能シラバスを教師が準備しておき、それを用いる場面や状況を学習者に選択させるといったような方法がとられることが多い。

カリキュラム・デザイン

カリキュラム・デザイン

コース・シラバスが決定したら、その各項目を、いつ、どのように教えるかを決める。これが**カリキュラム・デザイン**(curriculum design) である。具体的には、**到達目標、時間的枠組み、シラバス項目の配列、教授法、教室活動、教材、教具、評価活動などを決定する作業**をいう。

到達目標

到達目標は、文字通り**日本語の知識、運用能力について、学習者が到達すべきレベル**である。巨視的には学習者のニーズに応じて、コースを越えて設定されるべきものだが、微視的には「コース終了時の最終目標→学期→月→週→日→1コマの授業」のように、コース期間やレディネスを踏まえて、コース内で段階的に設定される。

到達目標は、文型のリスト、数値目標（語彙1,000語、漢字300字）、習得予定のコミュニケーション行動の種類（道が聞ける、簡単なエッセーが書ける、日常会話ができる）など、さまざまな観点からの記述が可能である。日本語能力試験（→ p.130）やOPI（→ p.131）など、特定の教育機関に依存しない目標準拠テスト（criterion-referenced test → p.135）の到達基準が、到達目標設定の指針に用いられることもある。

時間的枠組み

時間的枠組みとは、**コースの開始／終了時期、授業の回数、1回の授業の長さ**のことである。教育機関では、**年間スケジュールや時間割の決定**がこれにあたる。

シラバス項目の配列

コース・デザインの段階では、シラバスの各項目は、教える順序で配列されたものではない。そこで、これらの項目を、コースの時間的枠組みに従って組み合わせ、配列する必要がある。例えば、構造（文法）シラバスで取り上げられる項目の一つに、「〜てください」という文末形式がある。これをどの授業で教えるのか、「〜て」という活用形と同じ時間に教えるのか、「〜てくださいますか」も同時に教えるのか、

などを決める。場面シラバスで「郵便局」を取り上げるのであれば、何日目に教えるのか、「銀行」と「郵便局」のどちらを先に教えるのか、などを決める。

教授法　**教授法**という語は、漠然と「教え方全般」を指して使われることもあるが、少なくとも次の三つに分けて考えられる。

1) 特定の言語観や言語学習観に基づく教授法理論 (approach)
2) ある教授法理論に基づく指導法 (method)
3) 具体的な教室活動の手順や技術 (technique)

1) と 2) については、第5章「外国語教授法と日本語教育」で、3) については、第2章「教室活動」で取り上げる。

教材と教具　**教材・教具**とは、**教室活動を支え、学習が円滑に行われるのを助けるための道具や手段をいう。**

教材、教具は、第3章で取り上げる。

教育実施と効果測定　**教育実施**とは、**1回1回の授業の教室活動、教材・教具を決定し、実際に授業を行うことで**、第2章「教室活動」で取り上げる。**効果測定とは学習活動の効果を測定することである**。授業を行う一方で、学習の進ちょく状況を適切に把握し、授業の内容や教え方を改善していくことは大切で、この二つの作業は、コースの期間中ずっと反復して行われる。

実際に教育実施と効果測定が行われるのは、コースが開始されてからのことになる。しかし、教室内と教室外の活動の振り分け（新出語彙は各自で予習する、聴解テープは自宅で聞く、漢字の練習シートは宿題にするなど）、最終成績の算出方法、テストの日程と内容など、コースのおおよその流れと手順は、コースの開始前に決めておく必要がある。特に、評価にかかわることは、教師が承知しているだけでなく、学習者にもあらかじめ知らせ、双方の了解事項にしておかなければならない。

効果測定および評価にかかわる事柄は、第4章で詳しく取り上げる。

まとめ

　入門編では、コース・デザインの枠組みに従って、日本語教師の仕事を概観してきた。実際には、授業時間、教室の手配、使える教具などに制約があることも多く、この通りの順序に、すべての作業を十分な時間をかけて行えるような、理想的な環境ばかりではない。しかし、逆に考えれば、限られた条件の中で、最もよい道が探れるかどうかが、日本語教師としての腕の見せどころともいえる。理想的環境でなければ教えられないとしたら、永遠に教えるチャンスは巡ってこないだろう。

　そのためには、コース・デザインを、単なる知識として丸覚えするのではなく、それぞれの意義と手順を理解して、使いこなせるようになりたい。また、コースを成功に導くのは、教師一人の仕事ではない。迎合するという意味ではなく、学習者と一緒にコースをつくっていくという姿勢が大切であり、そのための信頼関係を築く努力を、常に忘れてはならない。

基本問題

問題1 次の文章を読み、後の問い（問1〜3）に答えよ。

【 （1） 】とは、「学習者が何のために日本語を学習するのか」についての調査をいう。効果的な日本語学習のためには、一人一人の学習者にあったコースが用意されることが望ましい。

【 （2） 】とは、「学習者がどの程度日本語を身につけているか」についての調査をいう。これは、学習者の日本語能力がどのようなものであるかを把握し、コースの内容に反映させるためである。

ア)目標言語調査とは、「学習者が日本語を必要とする場面で、実際にどんな日本語が使われているか」についての調査をいう。目標言語調査の方法には、【 （3） 】、【 （4） 】、教師の内省がある。調査を行う際には、イ)母語場面と接触場面の違いについても、留意することが望ましい。

問1　文章中の空欄【（1）】〜【（4）】に入れるのに最も適当な語句を下のa〜hのうちからそれぞれ一つずつ選べ。ただし、【（3）】と【（4）】の解答の順序は問わない。

a　ニーズ調査　　　　b　学習条件調査　　　　c　学習適性調査
d　レディネス調査　　e　意識調査　　　　　　f　実態調査
g　シラバス・デザイン　h　カリキュラム・デザイン　i　コース・デザイン

問2　文章中の下線部ア)の具体例として最も適当なものを、次のa〜dのうちから一つ選べ。

a　大学受験を希望する学習者のために、入試問題を取り寄せる。
b　大学受験を希望する学習者のために、入試の日時を調べる。
c　聴解力が弱い学習者のために、聴解テープを用意する。
d　自宅での復習を希望する学習者のために、自習プリントを用意する。

問3　文章中の下線部イ)の内容として最も適当なものを、次のa〜dのうちから一つ選べ。

a　母語場面には、コミュニケーション・ストラテジーが現れない。
b　母語場面には、フォリナー・トークが現れない。
c　母語場面と接触場面では、コミュニケーション・ストラテジーが異なる。
d　母語場面と接触場面では、日本語の使い方が異なる。

問題2 次の(1)~(4)は、日本語教科書の目次である。主にどのシラバスを採用していると考えられるか。下のa~iのうちからそれぞれ一つずつ選べ。

(1)
```
L1  自己紹介
L2  市役所
L3  郵便局
L4  レストラン
    ⋮
```

(2)
```
第1課  現代日本の結婚事情
第2課  不登校は悪いこと?
第3課  あなたは単身赴任をしますか
第4課  いまどきの高校生って
    ⋮
```

(3)
```
第1課  私はスミスです
第2課  これは何ですか
第3課  机の上にかばんがあります
第4課  日本語を勉強します
    ⋮
```

(4)
```
L1  依頼する
L2  誘う
L3  謝る
L4  苦情を言う
    ⋮
```

a　構造シラバス　　　b　場面シラバス　　　c　話題シラバス
d　機能シラバス　　　e　プロセス・シラバス　f　先行シラバス
g　後行シラバス　　　h　原型シラバス　　　i　教授シラバス

解答　問題1　問1 (1) a　(2) d　(3、4) e, f　問2　a　問3　b
　　　　問題2　(1) b　(2) c　(3) a　(4) d

解説　問題1　コース・デザインに関する問題である。問1は、基本的な用語を理解していれば難なく解ける。もし間違えたところがあれば、本書の該当ページをもう一度読み直してほしい。問2の目標言語調査は、「ニーズ領域で使われている日本語について調べること」なので、正解はaである。bは、「コースの実施期間を何カ月にするか」「いつを目標にコースを設計するか」を決めるための調査なので、学習条件調査(時間的条件)の一環である。cとdは、「使用教材の決定」なので、カリキュラム・デザインにかかわる事柄である。問3の母語場面、接触場面については、p.35を参照のこと。

問題2　各シラバスの内容が分かっていれば、(1)、(2)、(4)は、簡単であろう。(3)の各課で学習する主な構造は、第1課「~は~です」、第2課「コソアド+何+基本的な名詞」、第3課「位置詞(上、中、下、右、

左など)＋あります」、第4課「〜を＋基本的な動詞」である。

応用問題

問題1 次に挙げたものは、コース開始時に、ある日本語教育機関が学習者に対して行っている面接での質問項目である。(1)〜(3)の各質問は、ニーズ分析という観点から、それぞれa〜dのどの調査と位置づけられるか。それぞれ一つずつ選べ。

授業担当の先生方へ

　入学式後に行われるインタビューでは、次の項目について質問してください。順不同で結構です。その他、特記事項があれば、余白に書き込んでおいてください。どうぞよろしくお願いいたします。

- 名前（必ずフルネームで）
- クラスで皆に何と呼ばれたいか……（1）
- 母語
- 宗教
- 来日年月日
- 母国での職業
- 日本語学習歴（「有」の場合は、期間と場所）……（2）
- 話せる外国語（＿＿＿＿語、＿＿＿＿語、＿＿＿＿語）
- コース修了後の希望（進学、就職、未定）……（3）
- 住居（x寮、y寮、z寮、アパート、ホームステイ）

---

　　a　学習目的調査（ニーズ調査）　　b　学習適性調査
　　c　学習条件調査　　　　　　　　　d　レディネス調査

解答 問題1　(1) c　(2) d　(3) a

解説 問題1　コース・デザインの中でも、主に学習者を対象とする調査に関する問題である。実際の教育現場では、1回の面接で、このようにまとめて調査が行われることも多い。それぞれの手順の意義や留意点を理解していれば、それほど難しくない。現場経験がある場合は、自分が普段行っている情報収集活動が、コース・デザインの理論的枠組みの中でどのように位置づけられるのか、あらためて整理しておくとよい。(1)の「クラスで皆に何と呼ばれたいか」は、学習者の背景情報にかかわる情報である。(2)の「日本語学習歴」は、日本語レベルの参考になる情報である。(3)の「コース修了後の希望」は、学習目的にかかわる情報である。

エキスパート編

再びコース・デ
ザインの重要性

　入門編では、コース・デザインの基本的な流れを紹介することで、「日本語を教える」ということの全体像をみてきた。そして、コース・デザインについての知識とそれを活用する技術が、一人ひとりの日本語教師に求められていることを指摘した。

　しかし、実際の教育現場に目を転じると、コース・デザインは、教務主任クラスの一部の教員によって行われるのが普通であり、ほとんどの教師は、もっぱら自分が担当する授業だけを行うというケースも多い。また、コース・デザインを行う立場にいたとしても、新学期のたびに、コース・デザインのすべてのプロセスを繰り返すというのも非現実的である。そのため、多くの日本語教師にとっては「理屈は頭では分かっているけれど、コース・デザインの重要性と言われても、その知識が毎日の教育活動の中でそれほど役に立っているとは思えない」というのが、おおかたの実感ではないだろうか。

　しかし、もっぱら自分の授業だけを行う立場にあっても、自分の授業だけを念頭に置いたのでは、効果的な教育活動は望めない。例えば、自分の授業の中で、時間的な制約から、教えるべき項目に重みづけをしなければならないとする。ほかを多少犠牲にしてでも時間をかけて練習する必要がある項目と、その授業で取り上げなくてもそれほど影響がない項目を見極めることは、コース全体の流れや学習者のニーズを把握していなければできない作業である。

　また、モデル会話を教えるときに、すべての発話を暗記して滑らかに言えるようになるまで練習するのか、重要な表現だけが言えればよいのか、といった判断は、モデル会話を教える意図（文型の導入、文型の練習、相づちや非言語表現の練習、発音練習など）が分からなければできない。すなわち、

1コマ1コマの授業準備であっても、コース全体の到達目標や、その中で自分の授業が担う役割を常に考えて進めることが大切で、それがコース全体の成否を決めるカギだといっても過言ではない。

また、日本語コースやコース・デザインという語は、「教育機関におけるクラス授業」を想起しがちだが、1対1のプライベート・レッスンであっても、事情はまったく同じである。クラス授業とは異なり、学習者のニーズを最大限に尊重したコースが組み立てられる分、日本語教師としての力量が、学習者の伸び（あるいは伸び悩み）に直結する。

このように考えると、教え始めたばかりの非常勤教員や個人教授といえども、「コース・デザインは他人事」と済ませられないことが、あらためて実感できる。

ニーズ調査≠ニーズ分析

p.30で、ニーズ調査とニーズ分析の違いを述べた。ここでは、ニーズ分析の意義と重要性について、さらに詳しく検討したい。図6、7 (p.54)は、ニーズ調査の調査表とその結果である。

図6　ニーズ調査の調査表

●次の中で、あなたができることをA欄にチェックして下さい。また、自分に必要で勉強したいと思うものをB欄にチェックしてください。

	A	B
1. あいさつをする		
2. 時間をたずねる		
3. 簡単な質問をする		
4. 道順を聞きながら目的地まで行く		
5. デパートで買い物をする		
6. レストランで注文する		
7. 電話で受け答えをする		
8. ホテルの予約をして、旅行をする		
9. 銀行・郵便局で受け答えをする		
10. 区役所・市役所で受け答えをする		
11. 一人で病院にいく		
12. 電車・バスの乗りかえをする		
13. 電気・水道・トイレなどの修理を頼む		
14. 駅や電車の中での放送がわかる		
15. テレビの天気予報がわかる		
16. 仕事場で日本語を使い、コミュニケーションする		

エキスパート編

17. 近所の人と親しくする	17.	
18. パーティに参加する	18.	
19. 街の表示をよむ	19.	
20. アパートを探し、契約・引っ越しをする	20.	
21. 日本料理を習う	21.	
22. 出入国、ビザの延長などに関する話をする	22.	
23. 人に頼みごとをする	23.	
24. 人を訪問する	24.	
25. お礼を言う	25.	
26. 人を誘う／誘いを断る	26.	
27. 日本、あるいは自分の国について話す	27.	
28. 敬語を使って話をする	28.	
29. 困った時に助けをもとめる(盗まれたり、落としものをした時など)	29.	
30. 図書館で本を探す	30.	
31. お見舞いに行く	31.	
32. 仕事を探す	32.	
33. テレビ・ラジオでニュースを聞く	33.	
34. 自分の専門の講義、ゼミを聞く	34.	
35. 自分の専門のゼミで発言する	35.	
36. 会社での会議・打ち合わせを聞く	36.	
37. 会社での会議・打ち合わせで発言する	37.	
38. スピーチをする	38.	
39. 一般的な内容の講義を聞く	39.	
40. 一般的な内容の講義で発言する	40.	
41. 新聞・雑誌を読む	41.	
42. 手紙を読む	42.	
43. 手紙を書く	43.	
44. 一般的な内容の本を読む	44.	
45. 教科書・専門書を読む	45.	
46. 図書館で資料を調べる	46.	
47. テレビでドラマ・映画を見る	47.	
48. 研究論文・レポートを読む	48.	
49. 研究論文・レポートを書く	49.	
50. ディスカッションをする	50.	
51. 簡単な通訳ができる	51.	
52. 役所・学校からの書類を読む／書く	52.	
53. 会社での資料・書類・報告を読む／書く	53.	
54. 使える言葉の量をふやす	54.	
55. 漢字・熟語を身につける	55.	
56. 自然な発音・イントネーションで話す	56.	
57. その他（　　　　　　　　　）	57.	

(日本語教育学会 (1991)『日本語教育機関におけるコース・デザイン』凡人社より)
筆者注：調査表にある1.〜57.の項目は、それぞれ、ニーズの具体例と考えられる。

学習目的とニーズ

図7の調査結果をみると、進学を希望している学習者（進学）もそうでない学習者（一般）も、どちらも「28.敬語を使って話をする」というニーズがもっとも高いことがわかる。しかし、次に高いニーズをみると、進学が「56.自然な発音・イントネーションで話す」であるのに対して、一般は「54.使える言葉の量を増やす」となっている。また、進学で26.2％もある「45.教科書・専門書を読む」というニーズは、一般ではわずか8.7％しかない。このように、学習目的によって、必要とするニーズが異なることが、ニーズ調査を行うことによって初めて明らかになる。

「敬語を使って話をする」とは？

では、「『28.敬語を使って話をする』というニーズが1位」という調査結果は、何を意味するのだろうか。ふつう日本語教育、日本語学で「敬語」という場合、それは「尊敬語、謙譲語、美化語」あるいは「尊敬語」だけを意味することが多い。では、「この学習者には、できるだけ早い時期に『お～になる／いらっしゃる、召し上がる』を教えたほうが

図7　ニーズ調査の調査結果

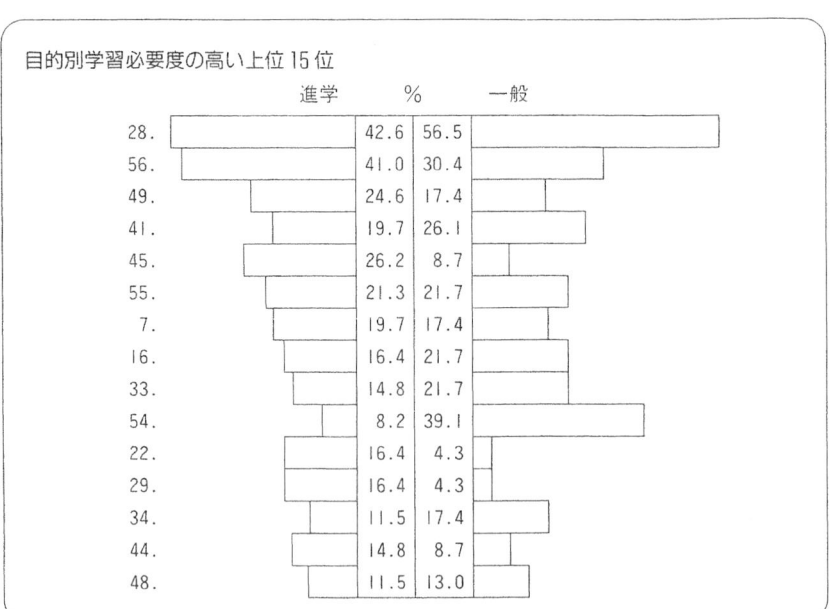

（日本語教育学会（1991）『日本語教育機関におけるコース・デザイン』凡人社より）
筆者注：「進学」とは「大学や専門学校への進学を希望している者」、「一般」とは「それ以外の者」をいう。

「敬語」＝「尊敬語、謙譲語、美化語」？

い」と結論づけてよいだろうか。否、話はそれほど単純ではない。

　その理由の一つは、「敬語」が必ずしも「尊敬語、謙譲語、美化語」を意味しているとは限らないからである。もちろん、この学習者が、（非常に大ざっぱな言い方をしてしまえば）「丁寧に話せるようになりたい」と思っているのは間違いない。しかし、もしかしたら「失礼にならない言葉遣い」といった程度の意味で、「敬語」という言葉をとらえているかもしれない。そうであれば、「めしあがる」「～でございます」と言わなくても「食べる」「～です」で十分だし、過剰な尊敬語の使用がかえって人間関係を遠ざけることもある。「敬語」が意味するところを知るためには、学習者が「敬語を使って話したい相手がだれか」を知り、「その人には敬語を使って話すのが適当か」を判断する必要がある。それには、学習条件調査の結果が役に立つ。

　次に、学習者の日本語能力との関係がある。いくらニーズが高いとはいえ、「～ます」を知らない未習者に、いきなり「お～になる」を教えるのは無謀である。発音も語形も不完全なまま「お読みになりますか」と言うより、「読みますか」と言ったほうが、よほど丁寧な印象を与えることもある。

　さらに、「敬語」を教えるか否かというより、ほかに何を教えるべきかという示唆である。「敬語を使って話したい」と思う学習者は、人間関係や場面に配慮した言葉の使い方に敏感で、それを身につけたいと思っているのかもしれない。そうであれば、敬語だけでなく、くだけた話し方（「読んだ？」「うん、もう読んじゃった」など）も合わせて教えれば、使える表現のバリエーションが増えるし、敬語を使うべき場面や相手についても、より複眼的な見方ができるようになるだろう。そのときは、言葉の丁寧さだけでなく、態度（ポケットに手を入れたまま話さない）や話の運び方（いきなり自分の都合ばかりを述べたてない）といった、丁寧さを支える言語以外の要因についても、何らかの形でシラバスに取り入れたほうがよい。

> このほかにも、考慮すべき点はいろいろあるだろうし、88名の調査対象者の中でのばらつきもある。このように、ニーズ調査で結果が得られたとしても、それを解釈し、ふるい分けをするという「日本語教育の専門家としての判断」が、その後に必要なのである。ニーズ調査で希望が多かった項目を拾い出すことが、すなわち、ニーズ分析ではない。

まとめ

　学習者の多様化は、ニーズの多様化を生み出した。これは、100人の学習者がいれば100通りのコースがあり得ることを意味している。しかし、**「学習者のニーズに対応する」**ということは、「学習者の言うなり」では決してない。「敬語を使って話をする」という調査結果の解釈が示唆しているように、日本語教育の専門家としての判断が必要とされる局面は、今後ますます広がっていくのである。

第2章 教室活動

> ### ねらい
> Ⅰ.教室活動の具体的な手順と特徴を知る。
> Ⅱ.いくつかの教室活動について、実施にあたって留意すべき点を考えることにより、その教育効果を再認識する。

教室活動をどう行うか

　本書でいう教室活動とは、「学習のために行われる具体的な学習活動、教育活動」のことで、第1章で示したコース・デザインの枠組みにおいては、カリキュラム・デザインの一部であると同時に、教育実践そのものでもある。

　本章では、「伸ばそうとしている言語技能」という観点から教室活動をとらえ、具体的な手順や特徴、実施上の留意点を考えてみたい。

　どんなに綿密なコース・デザインも、効果的な教室活動の実践があってこそ、初めて生きる。目先の新しさ、楽しさではなく、教育効果という面から教室活動の手順や技術を理解し、適切に選択、実施できることが大切である。

入門編

教室活動の種類

　中学、高校で受けた英語の授業を思い出してみよう。授業では、どんなことが行われていただろうか。

　時間の流れに沿って進んでいく授業は、教室活動の連続体として、とらえ直すことができる。それは、次のようなものであったかもしれない。

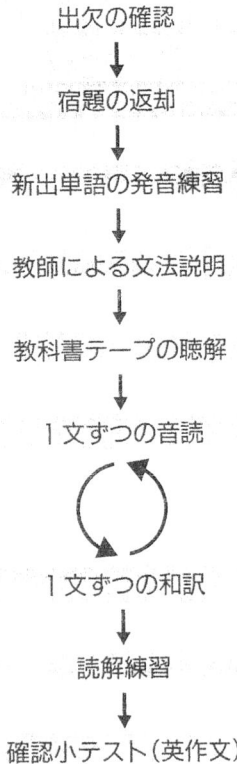

出欠の確認
↓
宿題の返却
↓
新出単語の発音練習
↓
教師による文法説明
↓
教科書テープの聴解
↓
1文ずつの音読
↻
1文ずつの和訳
↓
読解練習
↓
確認小テスト（英作文）

これらの教室活動を、「１回の授業の組み立て」という点からとらえなおすと、下図のように分類できる。

```
ウォーミング・アップ        出欠の確認
                            宿題の返却
                               ↓
                         新出単語の発音練習
                         教師による文法説明
   展　開                 教科書テープの聴解
                         １文ずつの音読
                         １文ずつの和訳
                            読解練習
                               ↓
   まとめ                 確認小テスト（英作文）
```

　出欠の確認　や　宿題の返却　は、授業のウォーミング・アップというより単なる手続きで、教室活動とはいえないのではないか、とも思える。しかし、出欠の返事の仕方や返却された宿題への反応などを通じて、教師は「その日の学習者」について、さまざまな情報が得られるし、授業の本題（展開部）をスムーズに進めるための導入にもなる。日本語授業なら、教師が日本語を使うことで、リラックスした状況での学習者の理解や反応をみることもできる。──ここで「リラックスした状況」というのは、「言葉よりも内容（出席の返事や宿題の提出）に注意が向いている状況」という意味。従って、クラスメートの欠席の理由を「～さんは頭が痛いです」と伝えた学習者に、「『痛いです』ではありません。『痛いそうです』とか『痛いと言っていました』を使いましょう」などのように、文法的な訂正をして、言葉に注意を向けさせる場合は、「リラックスした状況」とはいえない──このように、教師が教室に入った瞬間から、授業は始まっているのである。

　教室活動の分類には、このほか次のような観点がある。
１）使用する教材・教具……教科書、テープ、プリントなど。
２）教師と学習者の相互作用（interaction）……教師⇄学習者、教師→学習者、学習者⇄学習者、学習者→学習者など。
３）授業のイニシアチブをだれが取っているか……教師主導型、学習者主導型。

言語技能別教室活動

本書では、日本語授業で行われる代表的な教室活動を言語技能の観点から分類し、具体的な手順と特徴をみていきたい。

言語技能

言語技能（language skills）とは、**言語を使うための様式や方法**のことで、**聞く技能**（listening skills）、**話す技能**（speaking skills）、**読む技能**（reading skills）、**書く技能**（writing skills）がある。これらを**言語の4技能**（four language skills）という。

言語の4技能は、媒体という観点からは、音声言語（聞く、話す）と文字言語（読む、書く）とに分けられる。また産出技能（話す、書く）と受容技能（聞く、読む）という分け方もできる。

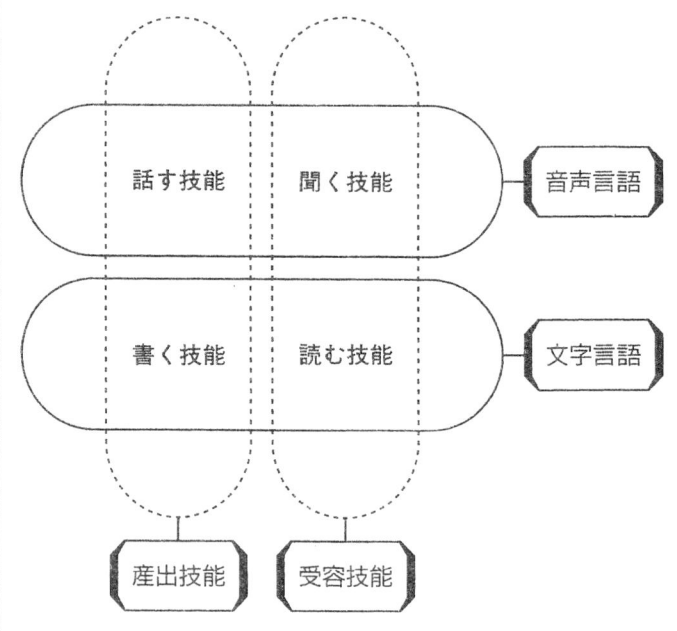

産出技能のための教室活動—「話す」「書く」—

次の1)、2)をみてみよう。それぞれaとbのどちらが正しいだろうか。

1) -a あなたはコーヒーを飲みたいですか。
　　-b あなたをコーヒーは飲みたいですか。
2) -a 高くておいしいケーキです。
　　-b 高いておいしいなケーキです。

どちらもaが正しいことがわかるだろう。しかし、次のような状況ではどうだろうか。

1)（秘書が社長に）
　　秘書「あなたはコーヒーを飲みたいですか」
2)（訪れた知人宅で手土産を差し出しながら）
　　客「高くておいしいケーキです。どうぞ」

文法的には正しいaの文であっても場面や使う相手によっては、必ずしも適切な使い方とはいえないことに気づく。

「言葉を教える」というとき、私たちは、ともすれば正確さばかりに重点を置きがちである。しかし、何かを話そう、書こうというときは、文法的に正しいだけでなく、その状況において適切であることもまた大切である。したがって産出技能（話す、書く）のための教室活動では、正確に「話す・書く」ための練習と、適切に「話す・書く」ための練習を区別し、取り入れていくことが重要である。

「話す」ための教室活動

日本国外で日本の古典文学を研究するために古典語を学ぶといったケースを除いて、「話す」ニーズをまったく持たない学習者は少ない。特に初級の段階では、教室活動の中で「話す」活動が占める割合は大きい。

会話と独話

「話す」ための教室活動には、**会話**だけでなく**スピーチ**や**プレゼンテーション**などの**独話**（monologue、モノローグ）も含まれる。日本国内で生活している学習者であれば、ほとんどの場合、日常会話のニーズがあるが、独話については、簡単な自己紹介から、フォーマルな場面でのスピーチや学会での研究発表まで、ニーズは一様ではない。

正確に話す

正確さを身につけるために行う教室活動の一つに、**パターン・プラクティス**（→ p.64）と呼ばれるドリル練習がある。

反復ドリル

教師が提示したモデルをそのまま繰り返す練習を**反復ドリル**または**リピート・ドリル**（repetition drill）という。（Tは教師、Sは学習者を表わす。p.63のイラストのようにSは1人の場合もあるし、複数あるいはクラス全員の場合もある）

  T りんご
  S りんご
  T がっこう
  S がっこう

  T デパートへ行きます。
  S デパートへ行きます。
  T 学校へ行きます。
  S 学校へ行きます。

代入ドリル

　　教師が提示したモデルの一部を置き換える練習を**代入ドリル** (substitution drill) または**置換ドリル**という。

　　　　T　昨日、図書館へ行きました。デパート
　　　　S　昨日、デパートへ行きました。
　　　　T　公園
　　　　S　昨日、公園へ行きました。

変形ドリル

　　変形ドリル (transformation drill) は、モデルの形を変える練習である。

　　　　T　会う
　　　　S　会おう
　　　　T　書く
　　　　S　書こう
　　　　T　食べる
　　　　S　食べよう

結合ドリル	**結合ドリル**（combination drill）は、モデルを組み合わせて一つにする練習である。 　　T　顔を洗います。歯を磨きます。 　　S　顔を洗ってから、歯を磨きます。 　　T　日本語を勉強します。テレビを見ます。 　　S　日本語を勉強してから、テレビを見ます。
拡張ドリル	教師が与えるキューをモデルにつなげて長い文を作る練習を**拡張ドリル**（expansion drill）という。 　　T　食べました。 　　S　食べました。 　　T　昼ごはんを 　　S　昼ごはんを食べました。 　　T　食堂で 　　S　食堂で昼ごはんを食べました。
完成ドリル	不完全なモデルを学習者が完成させる練習を**完成ドリル**（completion drill）という。 　　T　図書館、本、読みます 　　S　図書館で本を読みます。 　　T　デパート、ネクタイ、買いました 　　S　デパートでネクタイを買いました。
問答ドリル	指示された語句を使って質問文の答えを作る練習を**問答ドリル**（question and answer drill）という。 　　T　これは、日本語の本ですか。はい 　　S　はい、日本語の本です。 　　T　あれは、英語の辞書ですか。いいえ 　　S　いいえ、あれは英語の辞書ではありません。
パターン・プラクティス	**パターン・プラクティス**とは、「言語学習＝習慣形成」と考える行動主義心理学に基づく**オーディオリンガル・メソッド**（→ p. 165）で開発された教室活動で、**教師が出したキュー**

（cue、刺激）に、素早く反応できるようになることを目的としている。従って、本来のパターン・プラクティスは、極めて機械的で単調な練習である。

オーディオリンガル・メソッドへの批判の高まりとともにパターン・プラクティスの教育効果にも疑問が投げかけられ、「現実のコミュニケーションにはまったく役に立たない」といううく印が押されたことがあった。しかし、現在では、正確さを養うための練習として位置づけられ、教室活動に取り入れられることが多い。

適切に話す

機械ドリル

p.62〜64で紹介したような、正確さのためのドリル練習を、**機械ドリル**（mechanical drill）という。機械ドリルでは、答えが一つに決まっている。

意味ドリル

これに対して、いくつもの答えが想定できるドリルを、**意味ドリル**（meaningful drill）という。意味ドリルでは、形の正しさだけでなく、意味の適切さも考えなければならないので、実際のコミュニケーションに一歩近づいた練習といえる。その反面、教師が予想しなかった答えが現れたり、学習者がどういう意図で言ったのかを確認しないと、良いとも悪いとも言えない場合があるので、「何を練習するのか」「学習者にどういう答えを期待するのか」を、授業準備の段階でよく考えておくことが大切である。

場面ドリル

ある状況や場面を提示し、そこで用いられる文を作る練習を**場面ドリル**（situation drill）という。

（「〜たほうがいい」の練習）
T　友だちが頭が痛いとき、何と言いますか。
S1　薬を飲んだほうがいいですよ。
T　ほかには。
S2　早く寝たほうがいいですよ。

小会話ドリル　　短いモデル会話を提示し、指定された個所（下線部）を、自由に置き換える練習を**小会話ドリル**という。

　　どうしたんですか。
　　―ええ、頭が痛いんです。
　　えっ、もう薬を飲みましたか。
　　―いいえ、まだです。
　　早く、薬を飲んだほうがいいですよ。
　　―ええ、そうですね。

　モデル会話を提示する場合は、置き換えた会話例をいくつか聞かせたり、下のように板書やOHP（→ p.113）を利用したりして、どの部分を置き換えるのかを分かりやすく示すことが大切である。

現実のコミュニケーションに近づける

これまでに述べてきた教室活動が、文型や動詞の活用に焦点をあてたものであったのに対して、以下はコミュニケーションの遂行に焦点をあてた活動である。

インフォメーション・ギャップ

その一つに**インフォメーション・ギャップ**（information gap）を利用した活動がある。インフォメーション・ギャップというのは、**持っている情報の差**という意味で、具体的な教室活動の名称ではない。次の二つの場面では、どちらも「～は何ですか」「～です」という問答が行われている。

日本語の授業

空港の入国審査

日本語の授業で学生は「これが辞書で、あれがテレビだ」という、聞くまでもないことを質問し合っている。これに対して、入国審査の税関職員は、旅行者の荷物が何であるかが分からないので、この質問をしている。

入国審査でのやりとりのように、本来のコミュニケーションとは、自分と相手との間に何らかのインフォメーション・ギャップが存在するのが普通である。そこで、授業をより現実のやりとりに近づけるために、インフォメーション・ギャップを取り入れたのが、次のような活動である。

> Ｓ１とＳ２に、それぞれ絵１、２を渡し、互いの絵のどこが違うかを当てさせる。
> Ｓ１　人が何人いますか。
> Ｓ２　１、２、……８人います。何人いますか。
> Ｓ１　６人です。男の人がいますか。
> Ｓ２　はい、３人います。

絵1

絵2

ここでは、教育用に作られた絵教材（→ p.112）を使っているが、「違う旅行会社のパンフレットを持ち合い、自分たちのスケジュールや予算に最も合ったパック旅行を探す」「戦前と戦後の街頭写真を持ち合い、建物や人々の変化を話す」などのように、生教材（→ p.102）を利用すれば、より臨場感も増す。

インタビュー・タスク

インタビュー・タスク（interview task）とは、**インタビューを行って指示された情報を得る活動**をいう。「未知の情報を得る」という点で、インフォメーション・ギャップを取り入れた活動の一つといえる。例えば、動詞の可能形（飲める、書ける、できる）を学習した後で、「相手ができることについて互いに質問しあう」「教室外で日本人に尋ねる」などのインタビュー・タスクができる。その際、下の図のようなタスク・シートを用意し、インタビューの答えを書き込んでいくようにすれば、学習成果が目に見える形で確認できる。

タスクシート

	🚲	🚗	🍺	🎾	🏊
くわたさん	のれる	じょうず	たくさん	ちょっとできる	およげる
ほそかわさん	のれる	できる	たくさん	できない	じょうず
しみずさん	のれない	できない			

ロール・プレイ

ロール・プレイ（role-play）とは、**何らかの役割や状況を設定しそれに従って会話をする活動**をいう。役割や状況はロール・カード（role-card → p. 115）によって与えられることもあれば、下のように口頭で指示されることもある。

 T 今、お昼休みです。ゆうべから熱があって、頭が痛いので、午後の授業を休みたいと思っています。職員室に行って、先生に話してください。
 S （ドアをノックする）
 T はい。
 S あの、すみません、先生。
 T なんですか。
 S ゆうべから……（略）

 ロール・プレイをより効果的に行う注意点の一つに、役割設定がある。上にあげた「教師に欠席を申し出る」という状況は学習者にとって身近なものの一つだが、教師役をこなせる必要はない。店員役、駅員役などにも同じことがいえる。だからといって、常に教師が相手役をしたのでは、特に多人数クラスでは1人あたりの練習時間が不十分になる。このようなときは、学習者同士で行える設定（例：教師への欠席の伝言を級友に頼む）に変えるなどの工夫が必要である。また、話の展開をどこまで指示するかという点もある。「友人をコンサートに誘う」というロール・プレイで、待ち合わせの段取りまで練習させたいのであれば、「断らないように」という指示が必要であるし、「誘う」「誘われる」という行為を練習させたいのであれば、話の流れは学習者に決めさせて良い。

 このようにいくつかの配慮は必要なものの、ロール・プレイをうまく行うためには、その場にあった文型や表現を選ぶだけでなく、話の進め方にも気をつけなければいけないし、イントネーションや非言語行動にも注意を払う必要がある。その意味で、**総合的なコミュニケーション能力**を養成するための効果的な教室活動の一つといえる。

「書く」ための教室活動

「書く」ための教室活動は、大きく**文字教育**と**文章教育**の二つに分けられる。さらに文章教育には、**口頭で練習した言語項目を正確に表記する**ことに重点を置くものと、**適切な文章を産出する**ことに重点を置くものとの二つがある。

「書く」ための教室活動を、いつからどのようにコースに取り入れるかは、ニーズによって異なる。ある程度の時間をかけて、体系的に日本語を学ぶのであれば、初級の最初の段階から**文字/文章教育**を行った方がよいが、短期間でサバイバルの日常会話を学ぶ場合は、もっぱら「話す」「聞く」だけで、「書く」ことをまったく行わないこともある。

文字教育

日本語の表記では、

　　　　レンタルビデオ店でCDを3枚借りた。

のように、平仮名、片仮名、漢字、ローマ字、アラビア数字の5種類の文字が使われる。このうち、文字教育の中心となるのは、平仮名、片仮名、漢字の3種類である。

弁別的特性　　文字教育では、**弁別的特性**（critical feature）を理解することが重要である。**文字の弁別的特性とは、ある文字を他の文字と区別し、その文字たらしめる形態上の特徴**のことをいう。例えば、日本人である私たちには、「け」「け」「け」「け」「け」は、どれも/ke/だが、「け」「け」と書いたのでは/ke/とは読めない。このような、ある文字の**許容範囲を支える条件**が、弁別的特性である。弁別的特性を把握する段階では、日本人にとっては何でもない字体の違いが、学習者に混乱を招くことがあるので、板書や文字カード（→ p. 108）の字体にも配慮が必要である。

表音文字　　平仮名と片仮名のように、文字と読み方が結びついている文字を**表音文字**という。

表意文字

これに対して、漢字のように、文字と読み方と意味が結びついている文字を表意文字という。

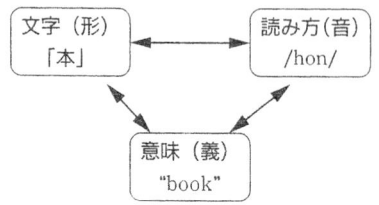

漢字圏学習者、非漢字圏学習者

平仮名や片仮名と違い、表意文字である漢字の場合は「与路死苦（＝ヨロシク）」のように意味を無視して音だけをあてはめて表記することはできない。漢字圏学習者（＝中国や韓国のように、母語の文字体系に漢字を持っている学習者）には、文字と意味が結びついていることは当たり前のことだが、漢字に初めて接した非漢字圏学習者には、

　　学校に木ます（＝来ます）
　　パンを書う（＝買う）

のように、意味を介さずに音と文字を直結する誤りがみられる。

また、漢字圏学習者であっても、

　　信（＝手紙）を書く
　　飛行机（＝飛行機）に乗る

のように、母語における漢字の使い方（上の2例は現代中国語の例）を日本語にそのまま持ち込むことがある。

そこで、初級レベルの漢字指導では、漢字だけを取り上げて「部首、音訓、書き順といった文字情報だけを教える」のではなく、文法や会話授業の既出語彙を後追いする形で、**単語として教える**ことが多い。

教材1は「文字として教える」、教材2は「単語として教える」漢字教材の例である。

教材1

```
Kanji No.18
書 か（く）／しょ              ｺ ﾕ ﾖ ﾖ write         book              聿 聿 書 書
か（く） レポートを書く    しょ  読書
        小説を書く              書店
        メモを書く              図書館
        書き順                  聖書
が（き） 縦書き／横書き        教科書
        肩書き
しょ    書道
        清書
```

教材2

```
第4課の漢字
書 か（く）／ショ→第15課         ｺ ﾕ ﾖ ﾖto write                            聿 聿 書 書
手紙を書きます
英語で書いてください
```

漢字の提出数

初級コースで、何字ぐらい漢字を教えるか。これは学習者のニーズによってさまざまであり、一概に数字をあげられるものではないが、目安の一つになるのが日本語能力試験の認定基準（→ p.130）である。下の表をみると、1級では2,000字、2級では1,000字となっている。これは、新聞や雑誌などで使われている常用漢字が1,945字、小学校で学ぶ教育漢字が1,006字であることに対応している。

級	学習時間	漢字数
1級	900時間	2,000字
2級	600時間	1,000字
3級	300時間	300字
4級	150時間	100字

入門編

文章教育

正確に書く

初級レベルでは、口頭で新しい文法項目の導入と練習を行ってから、書く練習を行うことが多い。下のイラストは、「〜ます」を、口頭で練習してから、プリントを使った書く練習と作文の宿題をしているところである。

この順序で教室活動を行えば、「書く練習」のときには、文型や語彙は音として学習済みなので、「正しく書く」ことに集中できる。口頭練習の内容を文字にすることで、学習内容を目で確かめ、文型や語彙の定着を促す効果もある。

適切に書く　適切に書くというのは、規則にあった正しい文字、語彙、文法だけでなく、適切な文体や情報を選び、適切な順序で書くことをいう。ここでは、文体の使い分けを取り上げる。

文体　日本語の文体には、ダ・デアル体（ダ体）とデス・マス体の二つがある。

ダ・デアル体　ダ・デアル体（ダ体）というのは、文末が次のような文のことで、**普通体**、**常体**、**インフォーマル・スタイル**（informal style）、**プレーン・スタイル**（plain style）と呼ばれることもある。

　　本書は、日本語教師を志す者を対象とする概説書である。各章は3部に分かれている。

デス・マス体　デス・マス体というのは、次のような文のことで、**丁寧体**、**敬体**、**フォーマル・スタイル**（formal style）、**ポライト・スタイル**（polite style）と呼ばれることもある。

　　本書は、日本語教師を志す者を対象とする概説書で、全5章から成っています。各章は、それぞれ「入門編」「練習問題」「エキスパート編」の3部に分かれています。

文体の使い分け　ダ・デアル体は、新聞記事、ビジネス文書、学術論文、メモ書きなど、公的な文章や読み手と書き手の人間関係への配慮を必要としない文章に用いられる。これに対して、**デス・マス体**は、私信、広告、新聞や雑誌の読者へのお知らせなど、私的な文章や人間関係への配慮を必要とする文章に用いられる。小説や随筆など、修辞的な性格が強い文章には、どちらの文体もみられるが、原則として一つの文章の中に二つの文体が混在することはない。実際のコミュニケーションにおいて、ダ・デアル体とデス・マス体は、文章の目的や読み手に応じて、どちらかが選択されている。

受容技能のための教室活動—「聞く」「読む」—

受容技能（receptive skills）というのは、**言葉を（産出でなく）受容する技能**という意味で、単に与えられた内容を理解するだけの「受動的な技能」という意味ではない。「聞く」という行為も、「読む」という行為も、そこで得られる言語情報と非言語情報を、既知の背景知識と結びつけることによって、内容についての仮説を立て、それを検証しながら、理解に至るという、極めて能動的、積極的な行為である（もちろん、最後まで理解せずに終わることもある）。

聴解モードと読解モード

何かを聞いたり読んだりするとき、私たちは、目的に応じて異なる聞き方や読み方をしている。テレビのニュース番組を見ていて、関心のないニュースなら聞き流し、身近かな地域のニュースなら細かい地名や詳細な内容まで漏らさぬように聞く、というのはよくあることである。また、国語辞典で、言葉の意味を調べるときに、1ページ目から順に読んでいく人はいないだろう。ぱらぱらめくって目指す言葉を探すと思われるが、小説を読むときには、1ページ目から順に読んでいくのがふつうである。

このような、目的に応じた聞き方、読み方を、**聴解モード**(listening mode)、**読解モード**（reading mode）という。

本書では、聴解・読解モードとして、それぞれ1）スキャニング（scanning）、2）スキミング（skimming）、3）こまか聞き取りあるいは精読、の三つのモードを取り上げる。

聴解・読解モードに、どのような種類を認め、どう分類するかには、いくつか異なる立場がある。3）のモードを、さらに「内容把握モード（内容を正確に理解する）」と「批評モード（内容について自分の意見や感想を述べられるまで深く理解する）」の二つに分けることもある。また特に、読解モードについて、1）と2）を合わせて「速読モード」ということもある。

モードの選択と切り替え

母語であれば、ニュースを聞いていて、知らない単語が出てきても、前後の文脈から意味を推測したり、聞き流したり

する。また、小説や雑誌を読んでいて、初めて見る単語があっても、「どこかの地名だろう」とか「病気の一種のようだ」というように、取りあえず分かる範囲で理解しておき、先に読み進めることもある。

しかし、外国語のニュースだと、聞き取れない単語が一つでもあると、そこから先の内容がまったく耳に入らなくなってしまったり、小説を読んでいて、知らない単語が出てくると、いちいち辞書を引かなければ次に進めなかったりすることがある。また、英語の副読本を全文逐語訳したのに、「読んだ」という実感が得られなかったという経験を持つ人も多いのではないだろうか。

外国語のニュースや小説を、母語のように聞いたり読んだりできないのは、言語能力の不足だけではなく、モードの選択や切り替えがうまくできないことが原因である場合も多い。特に、初級の段階では、すべての内容を読み取る、聞き取ることに焦点が置かれがちだが、そのような練習しかしていないと、日本語のレベルが高くなっても、それ以外の聞き方や読み方がなかなかできないこともある。従って、「聞く」ための教室活動と「読む」ための教室活動では、内容を正しく理解するだけではなく、目的や内容に応じて適切なモードを選択し、切り替える練習も取り入れることが大切である。

「聞く」ための教室活動

　ここでいう「聞く」とは、**音声言語によるインプットを認識、理解する**ことをいい、「会話の中で相手の話を聞く」という双方向のものと、「アナウンスやラジオなどを聞く」という一方向のものがある。双方向での「聞く」ための教室活動は、「話す」ための教室活動の、いわば裏返しでもある。分からないときには、相手に聞き返したり、繰り返してもらったり、ゆっくり話してもらったりすることができる。

　しかし、一方向の「聞く」は、テープやビデオを再生するなど自分で機器を操作する特殊なケースを除いて、聞き手が聞く速度や回数をコントロールしたり、聞き逃した個所に戻ってもう一度聞き直したりすることはできない。1回で首尾良く「聞く」ためには、その場に応じた適切なモードの選択が大切である。

スキャニング

　スキャニング（scanning）とは、**必要な情報を探す聞き方**をいう。例えば、電車に乗っていて、次のターミナル駅で乗り換えようと思っていたとする。駅が近づき、車内のアナウンスが始まったら、自分が乗り換える xx 線の情報かどうかを、まず聞き取ろうとするだろう。最初の案内が、別の yy 線についてなら、その後の詳しい情報は聞き流し、そのまた次の案内が xx 線かどうかだけに注意する。これが、スキャニング・モードによる聞き方である。

　具体的な教室活動としては、「天気予報を聞いて、指定された地域の天気を聞き取る」「イベント情報を聞いて、開催日時と場所を聞き取る」などが考えられる。もっと単純なものでは、「ニュースを聞いて、『日本』という語が何回出てきたかを数える」などということもできる。

スキャニング練習の教材

　このように、**スキャニング練習**では、初級レベルから**生教材**（→ p.102）を使うことができる。初級のスキャニング練習で生教材を使う効用は、「生教材は、初級の学習者にはほ

とんど聞き取れない」ことにある。つまり、学習者は「このニュースを全部を聞き取って理解しよう」とは考えない。そのため、かえって、指示された内容を聞き取ることだけに集中できる。全文理解を、端(はな)からあきらめる状況を作ることで、早い段階から、スキャニング・モードでの聞き方に慣れることができる。

スキミング

スキミング (skimming) とは、**全体をざっと把握し、大意をつかむ聞き方**をいう。交通事故のニュースを聞いて、どこでどの程度の事故が起こったのかを理解したり、料理の手順を聞いて、主な材料やおおよその流れを把握したりするのが、これである。長い講演会を聞いた後で、その内容を手短かに説明することができるのも、スキミング・モードによる理解がベースになっている。

スキミング練習の設問

スキミング練習では、適切な設問や課題を与えることが大切である。交通事故のニュースを使って、スキミング練習をするのであれば、

　　　　何のニュースですか。
　　　　いつ、どこで起こった事故ですか。
　　　　けがをした人はいますか。

など、ポイントとなる情報だけを取り上げるようにし、

　　　　駆けつけたのは何警察ですか。
　　　　けがをした人は、何丁目に住んでいますか。

といった、詳細にこだわるべきではない。

こまか聞き取り

こまか聞き取りとは、**一文、一語に至るまで正確に理解しすべての内容を把握する聞き方**をいう。こまか聞き取りという語は耳慣れない言葉だが、「精読」の聴解版と考えればよい。

こまか聞き取りモードを使って、まとまった内容を「聞く」というのは、「ラジオの株式市況番組で、全社の株価を

聞き取る」「選挙速報を見て、全候補者の当落を把握する」のように、かなり特殊なケースである。すべての音を聞き取るには、集中力だけでなく、記憶力も要求されるので、現実には、メモを取ったり、あらかじめ立てていた自分の予測（x社の株価は下落傾向、金融関係は横ばいなど）と照らし合わせたり、あるいは破顔一笑(はがんいっしょう)の当選者が喜ぶ姿の映像と結び付けるなどして、理解や記憶を助けることが多い。そこで、こまか聞き取りの練習をするときは、メモを取りながら聞くなど、現実に即したやり方で行うのがよい。

　集中力や記憶力の限界がかかわるような分量でなければ、次の例のAや患者のように、すべてを正しく聞き取らなければならない状況はよくある。

　　　　1)　(駅の公衆電話で)
　　　　　　A：いま、駅に着いたんだけど。
　　　　　　B：北口を出て右に曲がって、2つ目をまた右。角から4軒目の白いマンションの3階。
　　　　　　A：オーケー。
　　　　2)　(病院の受付で)
　　　　　　患者：初診なんですけど。
　　　　　　受付：じゃ、この用紙に、お名前とご住所をお書きになって、名前を呼ばれるまで、おかけになってお待ちください。お脱ぎになった靴は、下駄箱の中に入れてくださいね。
　　　　　　患者：あ、はい。

　このような練習では、教材を聞かせる前に、会話の当事者であれば当然知っていることがらについて状況説明を与えておくことが望ましい。例えば、次のような状況説明が考えられる。

> 1）の状況説明
> 電話でのやりとりである。Aは、友人Bの家を訪ねるところだが、詳しい道順がわからない。最寄り駅に着いたので、公衆電話から電話をかけて、マンションまでの道順を聞こうと思っている。
> 2）の状況説明
> 病院の受付である。病院に入ってきた人が、受付の人に話しかけている。

　2）の場面の「初診」が、「ショシン」とも「ショーシン」とも取れるような発音だったとしても、病院の受付ということがあらかじめわかっていれば、「初診」と理解できるだろう。しかし、それを知らされておらず、単に音として聞いたとしたら、「昇進」と解釈し会社での会話と理解する可能性もある。しかし、私たちが行っているコミュニケーションでは、場面に関する前提知識を使って「ショシン」か「ショーシン」かを特定するのが普通であって、その逆はない。つまり、現実のコミュニケーションで私たちは、自分がいる場所やおかれている状況、相手との関係などの助けを借りながら発話の内容を理解しているのである。

　したがって、このような手順を踏まずに、いきなり会話を聞かせて、「AとBはどんな関係か」「この2人はいまどこにいるのか」といった質問に答えさせるのは、「タイトルもわからない映画を途中から見て、そのセリフの内容を理解する」ような唐突な課題であり、「聞き取り練習」としては適切ではない。

「読む」ための教室活動

　ここでいう「読む」とは、**文字言語による情報を認識、理解すること**をいう。「文章を読む」だけでなく、「電話帳で電話番号を調べる」といった情報探査や、「看板や標識を認識する」といった文字認識などが含まれる。新聞の切り抜きを見て、片仮名に○をつけたり、まったく漢字を導入していない段階で、

　　1)　梅　海　毎　侮
　　2)　航　抗　冗　坑

といった文字群から共通する部分を選んだりする活動は、日本語学習を始めたばかりの学習者には、文字認識の練習になる。

スキャニング

　スキャニング（scanning）とは、**必要な情報を探す読み方**をいう。「歴史の本をぱらぱらめくって徳川慶喜の生年を見付ける」「駅の切符売り場で目的地までの料金を探す」などの読み方が、**スキャニング・モード**である。
　具体的な教室活動としては、「新聞のテレビ欄から、指示された番組の開始時刻を探す」「パック旅行のパンフレットを見て、最も条件に合った旅行を探す」などが考えられる。初級レベルでも、生教材（→ p.102）を使うことができるのは、「聞く」練習のときと同じである。

スキミング

　スキミング（skimming）は、**全体にざっと目を通し、大意をつかむ読み方**をいう。「新聞記事を読んでおおよその内容を理解する」「エッセーを読んで書き手の考えを理解する」などが考えられる。理解をチェックするための設問や課題では、ポイントとなる情報だけを取り上げ、さまざまな事柄を問うべきではないのは、「聞く」練習のときと同じである。

精読

精読とは、一文、一語に至るまで正確に理解し、すべての内容を把握する読み方をいう。初級では、語彙や文型に制限があるため、読むに足る内容の精読教材を用意することは難しいが、限られた語彙や文型であっても、教材の工夫次第で「一文レベルではなくまとまった文章として理解する」という、本来の読解に近い活動が可能になる。例えば、次の教材をみてみよう。

精読教材

【教材3】

> 机の上に、本と電話があります。机の上に、ノートはありません。
> 机の下に、雑誌とテープがあります。テープは雑誌の上にあります。
>
> 設問　上の文章の内容とあっている文に○をつけなさい。
> [　]　机の上に、本があります。
> [　]　机の上に、ノートがあります。
> [　]　机の下に、雑誌があります。
> [　]　机の下に、テープがあります。

【教材4】

> 机の上に、本があります。電話もあります。ノートはありません。
> 机の下に、雑誌があります。雑誌の上に、テープがあります。
>
> 設問　上の文章の内容とあっている文に○をつけなさい。
> [　]　机の上に、本があります。
> [　]　机の上に、ノートがあります。
> [　]　机の下に、雑誌があります。
> [　]　机の下に、テープがあります。

【教材3】と【教材4】は、どちらも初級レベルの精読教材で、「～に～があります」という文型と基本的な名詞だけで本文が書かれている。しかし、設問に答えるために必要な能力という点でみると、この2つには大きな違いがある。

【教材3】の本文が、次のように箇条書きで、順序も入れ替わって提示されたとしよう。

　　1. テープは、雑誌の上にあります。
　　2. 机の上に、ノートはありません。
　　3. 机の上に、本と電話があります。
　　4. 机の下に、雑誌とテープがあります。

このように書かれていても、すべての設問に正しく答えることができる。つまり、【教材3】では、1.～4.の一つ一つの文が理解できることが求められている。

これに対して、【教材4】の本文が、次のように書かれていたらどうだろうか。

　　1. ノートはありません。
　　2. 雑誌の上に、テープがあります。
　　3. 机の下に、雑誌があります。
　　4. 電話もあります。
　　5. 机の上に、本があります。

これでは、設問に答えることはできない。つまり、【教材4】では、一つ一つの文を個別に理解するだけでなく、ひとまとまりの文章として理解することが要求されているのである。別の言いかたをするなら、設問に答えるためには、文全体で表現されていることを、机や雑誌の位置関係として頭に描かなければいけないことになる。

このように、初級のごく最初の文型と名詞だけであっても、文の並べ方や設問によって、学習者に求める読み方が大きく異なることに注意しなければならない。

統合的な教室活動

シミュレーション

シミュレーション (simulation、疑似体験) とは、「現実の状況を再生したり模倣したりする教室活動」をいう。疑似場面を設定し、ある人物になりきって、ある課題を遂行する。そして、その過程を通じて、必要な言語運用能力を身につけようというものである。

例えば、「大型スーパーの出店に地元商店街が反対している」という場面を設定して、それぞれの学習者が「スーパーの社員、地元商店街の商店主、市役所職員」などに扮する。そして、「出店したい、出店をやめさせたい、新しい街作り計画の一環として出店を認めたい」など、各自の役割に応じた課題を達成するべく、さまざまな活動を行う。大型店舗を出店したいスーパーの社員であれば、必要な情報を新聞やテレビから収集したり（読む、聞く）、地元住民と話し合いを持ったり（話す、聞く）、相手を説得する文書を作成したり（書く）、といった活動が考えられる。地元住民との話し合いを成功裏に終わらせるには、一方的に自分の意見だけを述べていたのではだめで、商店主の意見にも耳を傾けながら、収集した情報に基づいて説得的な議論を展開しなければならない。

シミュレーションの目的は、教室に疑似空間を再現し、そこでのコミュニケーションを体験してみることであり、この意味では、ロール・プレイ (p.70) と同じ目的の活動といえる。しかし、ロール・プレイが「短いひとまとまりの会話」だったのに対して、読む・書く活動も含んでいること、ある課題を中心にしてさまざまな活動が行われること、の二点に特徴がある。

プロジェクト・ワーク

プロジェクト・ワーク (project work) とは、**学習者が共同で作業を行い、何かを作り上げる活動**をいう。例えば、「クラス新聞を作る」「アンケート調査を行ってその結果をまとめる」「自国料理の紹介ビデオを作る」などがある。新聞としてまとめる場合には、必要な資料を読み、取材に出かけ、

記事にまとめるといった活動ができる。あるいは料理の紹介ビデオを作るなら、シナリオを書き、必要ならテロップを用意し、ビデオカメラの前に立って料理を説明する、といった一連の活動が考えられる。

プロジェクト・ワークの特徴は、活動が教室内にとどまらない、生教材を使用する、という二点にある。アンケート調査なら、クラスメートや日本語教師ではなく、教室を出て実際に日本人に会って話を聞く。クラス新聞なら、教師が用意した教材ではなく、実際にインタビューした結果やテレビ番組、新聞記事などを、ニュース・ソースとするのである。

このように、**統合的な教室活動**というのは、特定の言語技能や言語項目ではなく、話題や内容に重点を置いて、手段として言語を使うことによって、学習を促進させることを意図するものである。言語技能をそれぞれ独立して扱うのではなく、統合的に扱うことで、学習が促進される面もあるのである。

まとめ

　入門編では、言語技能の観点から教室活動を分類し、その内容をみてきたが、日本語の授業で行われている教室活動は、これがすべてではない。文法規則や類義語の使い分けに関する講義など、すべての言語技能に関わる内容もあるし、既習の文型や語彙が自然に使ったゲームなど、いわゆる「授業」のイメージとはかけはなれた形態もある。

　実際の授業準備では、必要に応じて、これらの活動を適切に選び、組み立てていくことになる。そのためには、一つ一つの教室活動を、目に見える部分だけでなく「その活動によって学習者の日本語能力にどのようなプラスの変化が起こるか」という点からとらえ直し、整理していくことが大切である。

基本問題

問題1 次の(1)〜(6)は、パターン・プラクティスの具体例である。それぞれの名称を答えよ。

(1) T コーヒー。飲みます。
    S コーヒーを飲みます。
    T バス。乗ります。
    S バスに乗ります。

(2) T 書く
    S 書いて
    T 読む
    S 読んで

(3) T 日本語を勉強する。テレビを見る。
    S 日本語を勉強してから、テレビを見ました。
    T 洗濯をする。CDを聞く。
    S 洗濯をしてから、CDを聞きました。

(4) T 昨日、銀行へ行きました。図書館
    S 昨日、図書館へ行きました。
    T 郵便局
    S 昨日、郵便局へ行きました。

(5) T 図書館で
    S 図書館で、本を読みました。
    S 図書館で、テープを聞きました。
    S 図書館で、辞書を借ります。

(6) T 本
    S 本
    T 図書館で借りた
    S 図書館で借りた本
    T 大学の
    S 大学の図書館で借りた本

解答 問題1 (1)完成ドリル (2)変形ドリル (3)結合ドリル (4)代入(置換)ドリル (5)完成ドリル (6)拡張ドリル

88　第2章◆教室活動

解説　問題1　基本的なパターン・プラクティス（p.62～p.64）の名称を答える問題である。完成ドリルには、（1）のように助詞などの空所を補うものと、（5）のように文の前半後半を補うものがある。（5）のような問題では、複数の答えが可能なので、機械ドリルというより意味ドリルに近くなる。（6）の拡張ドリルは連体修飾部分を長くしていって、（文ではなく）名詞句を作る練習である。

―――――――――――――――――　応用問題　―――――――――――――――――

[問題1]　次の（1）～（4）の教室活動として、不適切なものはどれか。それぞれのa～dのうちから一つずつ選べ。

（1）　現場指示のコソアドを導入した後のペア・ワーク（＝学習者が2人1組で行う教室活動の形態）
　　a　教室内の備品について互いに説明させる。
　　b　相手のかばんの中身について互いに質問させる。
　　c　自分のかばんの中身について互いに説明させる。
　　d　自分のアパートにある家具について互いに説明させる。

（2）　「Ｖませんか」という表現を練習するためのロール・プレイの状況設定。
　　a　あなたは、同僚と一緒に残業しています。まだ仕事が終わっていませんが、とてもお腹がすいたので、何か食べたいと思っています。
　　b　講演会で前の席の人がつばの広い帽子をかぶっているので、講師が見えません。会場内では、帽子をとってもらいたいと思っています。
　　c　友人と散歩をしていて、新しいレストランを見つけたので、ちょっと入ってみたいと思っています。
　　d　クラシック・コンサートの切符が2枚あるので、職場の同僚と一緒に行きたいと思っています。

（3）　「日本語で手紙を書く」というニーズを持った初級学習者に与える課題
　　a　母国に住んでいる家族に、近況報告の手紙を書く。
　　b　ホームステイでお世話になった日本人の家族に、お礼状を書

    く。
  c 日本語の教師に、年賀状を書く。
  d 以前、日本語を教えてくれた日本語の教師に、近況報告の手紙を書く。

(4) 初級クラスでのスキャニング読解の練習
  a 美術展のポスターを見て、開催時期を答える。
  b 不動産広告を見て、家賃が5万円以下のアパートを○で囲む。
  c 新聞のテレビ欄を見て、ドラマに印を付ける。
  d スーパーのちらしを見て、指定された品物の値段を答える。

解答 問題1 (1) d (2) b (3) a (4) c

解説 問題1 (1) 指示詞のコソアドには、その場にある事物を指す現場指示の用法と、話に出てきた事柄を指す文脈指示の用法がある。
【現場指示】 A 知子ちゃん、その時計、素敵ね。
       B ありがとう。これ、浩司さんにもらったの。
【文脈指示】 A 昨日のパーティーのいくら丼、あれ、おいしかったですね。
       B えっ! そんなものがあったんですか。
 a～cは、その場にあるものについてのやりとりなので、現場指示の用法。dは、文脈指示の用法になる。(2)「～ませんか」という表現は、勧誘（コンサートに行きませんか）や提案（レストランに入ってみませんか）に使われる。提案の場合は、話し手と聞き手が一緒に行う動作が多く、「少し静かにしませんか」のように、聞き手だけの動作に使うと威圧的な印象を与える。bは、知り合いではない人に、帽子を取ってもらうように頼む状況なので、「～ませんか（帽子をとりませんか）」の練習には不適当である。(3) aのような手紙は、（日系人、帰国子女などのケースを除いて）学習者が日本語を使って書くことはないので、課題として不適切である。(4) a、b、dは、ポスターや広告から月日や値段を拾い上げるスキャニング練習なので、初級クラスでも行えるが、cの練習は、テレビの番組名の表記、語彙を理解しなければならないのでは初級では難しい。また、理解できる日本語レベルであっても、それがドラマかどうかを判断するには、テレビ番組の内容に関する知識といった、日本語以外の能力が必要になるので不適切である。

エキスパート編

教室活動の留意点

　入門編では、日本語授業で行われる代表的な教室活動を、言語技能の観点から分類し、具体的な手順と特徴をみてきた。エキスパート編では、このうち、いくつかの教室活動を取り上げ、実施上の留意点と教育効果をあらためて考えたい。

ドリルとキューの選択

　パターン・プラクティスを行うときは、練習の目的に合った**ドリル**や**キュー**を選択することが大切である。

　例として、願望を表す「Vたい（見たい、聞きたい、歌いたいなど）」パターン・プラクティスを考えてみる。1)～3)のドリルでは、どれも学習者（S）から「Vたい」という答えが返ってきている。

1)	2)	3)
T　書きたい	T　書きます	T　書く
S　書きたい	S　書きたい	S　書きたい
T　読みたい	T　読みます	T　読む
S　読みたい	S　読みたい	S　読みたい

　もし、「Vたい」が滑らかに言えるための口ならしの練習をしたいのなら、1)の反復ドリルがよいだろう。しかし、「Vたい」の形を作る練習をしたいのなら、2)、3)の変形ドリルが適している。ただ、「Vたい」の形は「マス形＋たい」で作るので、2)のように、キューをマス形で出すと、「ます」と「たい」を入れ替えるだけの単純な練習になる。そこで、3)のように、キューを辞書形（dictionary form）で出すと、学習者は頭の中で「書く→書きます→書きたい」という操作をしなければならないので、マス形のキューより複雑な練習ができる。

このように、学習者から同じ反応（Vたい）を引き出すドリルであっても、ドリルやキューの選び方によって、「そこで何が練習できるか（＝教育効果）」が異なる。

ロール・プレイの状況設定

ロール・プレイは、もともと暗示学（suggestology）を理論的裏付けとするサジェストペディア（→ p.170）で、「架空の状況や役割を設定し、自分自身でなくなることによって心理的に解放され、学習を促進する」ために用いられた教室活動である。この「心理的な解放」という趣旨からいえば、設定される状況は「（ビジネスマンの学習者が）画家として自分の作品を紹介する」「（主婦の学習者が）一国の首相として閣僚に指示を与える」のように、まったくの架空の方がよい。現実にはなり得ない役割を演じることで、表現のバリエーションが獲得できる、という副次的効果も期待できる。

しかし、ロール・プレイは、こういった学習心理面の効果ではなく、「さまざまな状況や役割を教室内に持ち込める」という実用的な理由で用いられることも多い。事前に入念なリハーサルをしておいたのに、その場になったら言葉がうまく出てこないという経験は、だれにでもある。まして、外国語であればなおさらである。

そこで、具体的な場面での言語運用を練習するために、学習者が遭遇しそうな状況を、教室の中に設定するのである。このような目的でロール・プレイを行うのなら、「（ビジネスマンの学習者が）上司に休暇の延長を申し出る」「（主婦の学習者が）冷蔵庫の修理を電器店に依頼する」のように、できるだけ現実に近い役割や状況を設定する方がよい。

作文の指示

「言語項目を正確に表記する」という目的で書かせる作文であれば、トピックには、口頭で練習した内容と近いものを選ぶ方がよい。そうしないと、新しい語彙が必要になり、日本語で文を書くことよりも、辞書引きや翻訳作業に比重が置

かれるという、本末転倒の結果になりかねないからである（自分で辞書を引いて文を書かせるために、あえてなじみのないトピックを選ぶ場合も、もちろんある）。

　また、練習させたい文型や語彙があるなら、はっきりそれを示すことが大切である。例えば、「あげる、くれる、もらう」といった、物の授受を表す動詞を学習した後で、「誕生日のプレゼント」というトピックで作文を書かせたとする。

　もちろん、教師の意図は、
・去年、父の誕生日にネクタイをあげました。
・姉に、ハンドバッグをもらいました。
・私の国では、誕生日の人が家族にプレゼントをあげます。
といった、授受動詞を使った文を書かせることにある。しかし、学習者が書いてきたのが、次のような文章であったとする。

誕生日のプレゼント

　去年の父の誕生日に、ネクタイを買って送りました。それから、電話もかけました……（略）

　この作文は、日本語として不自然ではないが、「授受表現を使って正しい文を書く」という教室活動の目的は、達成されなかったことになる。「授受動詞を使わせたい」という教師の思惑は見事に裏切られたが、かといって、それを責めるのは筋が違う。このような失敗を招かないためにも、作文を書かせるときは、「どういう文章を書くのか」「何に注意して書くのか」といった指示を、事前に分かりやすく与えることが大切である。小学校で書いた作文のように、「バス旅行」「私の友だち」といった漠然としたテーマだけを与えたのでは、教師が意図した目的が果たせないことがある。

話し言葉と書き言葉

　　ダ・デアル体とデス・マス体の使い分けは、話し言葉にもみられるが、使い分けの基準が書き言葉とは異なる。
　話し言葉では、あらたまった場面や親しくない人の場合には、
　　（電車で隣り合わせた乗客に）「窓を開けてもいいですか」
のように、デス・マス体が用いられる。一方、くだけた場面や親しい人の場合には、
　　（友人に）「窓を開けてもいい？」
のように、ダ・デアル体が用いられる。このような、話し言葉での使い分けは、
　　ダ・デアル体＝<u>普通体</u>、<u>常体</u>、インフォーマル・スタイル（informal style）、プレーン・スタイル（<u>plain</u> style）
　　デス・マス体＝<u>丁寧体</u>、<u>敬体</u>、フォーマル・スタイル（formal style）、ポライト・スタイル（polite style）
という別称にも反映している。
　しかし、これらの別称を、安易に書き言葉にあてはめると、「学術論文はformalな文章だからデス・マス体」「町内のミニコミ誌から依頼された自己紹介文は親しい人が読むのでダ・デアル体」といった誤解を招く恐れがある。そこで、文体の使い分けを考えるときは、話し言葉と書き言葉で基準が異なることを示し、区別して練習する必要がある。

文末形式と活用形

　　ダ・デアル体とデス・マス体の使い分けで、さらに大切なのは、両者の区別があくまで**文末形式**（style）に関するもので、文中に表われる**活用形**（form）ではないという点である。次の1～3の文末形式を見ると、それぞれ-aはダ・デアル体、-bはデス・マス体だが、文中の下線部（活用形）は同じである。

1-a　これは、昨日買った本だ。
 -b　これは、昨日買った本です。
2-a　ビザがとれたから、いつでも出発できる。
 -b　ビザがとれたから、いつでも出発できます。
3-a　何度も説明したし、もう大丈夫だろう。
 -b　何度も説明したし、もう大丈夫でしょう。

このように、デス・マス体の文であっても、文法的な制限によって、文中の活用形に、ダ・デアルの形が現れることがある。

文章の目的と読み手の特定

「適切な文章」かどうかは、文章の目的や読み手が特定されて、初めて判断できる。

国語の授業で私たちが書いてきた作文は、ほとんどがデス・マス体であった。しかし、国語の授業の作文は、書くことを通じて考えを深めたり、表現力を身につけたりすることを目的としている。読者や文章の目的を特定しない、いわば「作文のための作文」である。

これに対して、特に、成人学習者を主な対象とする日本語教育では、ニーズに応じた文章産出能力の習得が目的となる。そのためには、「正確に書く」活動と「適切に書く」活動とをきちんと区別し、両者をバランスよく盛り込むだけでなく、「適切に書く」活動では文章の目的と読み手の特定を行い、それにあった文末形式、情報量の文章を求めることが必要である。

また、初級レベルの学習者が書くべき文章と、小学生が書くべき文章は、同じではない。ビジネス文書や学術論文作成のニーズを持つビジネスピープルや研究者には、目的に合った文章を作っていくシラバスやカリキュラムが用意される必要がある。初級レベルだからといって、デス・マス体でエッセー風の文章だけを書かせていたのでは、このようなニーズに応えることはできないのである。

まとめ

　本章では、教室活動の具体的な手順や留意点をみてきた。授業の前には、これらの活動を組み合わせて、一つの流れを作るように授業を設計する。授業準備の際は、次のような手順で考えていくのがよい。

1）到達目標の設定

　その授業が終わったとき、学習者がどのようなことを知っていて、どのようなことができるようになっていてほしいかを考える。

↓

2）到達目標までのプロセスの決定

　到達目標を達成するのに必要な手順（学習者の頭の中にどのような変化を順に起こすか）を決める。

↓

3）教室活動の選択

　それぞれの手順は、どのような教室活動で行うのが効果的かを考え、教室で行う活動を考える。

↓

4）教材と教具の選択

　それぞれ教室活動に必要な教材・教具を準備する。

第3章
教材・教具

ねらい

I. 主な教材・教具について、その特徴を知り、効果的な使い方を考える。

II. 教材・教具の限界を知り、教室活動における役割を再認識する。

教材と教具の効果的な使い方

　教材・教具とは、教室活動を支え、学習が円滑に行われるのを助けるための道具や手段で、それぞれ次のように定義できる。

　　教材：学習内容（＝シラバス）を具現化したもの
　　　　　　例）教科書、ワークブック、会話テープ、ビデオ教材など
　　教具：教室活動が円滑に行われるのを助ける道具
　　　　　　例）黒板、絵教材、五十音図、テープレコーダー、ビデオデッキなど

　しかし、両者の区別は、ときとしてあいまいである。例えば、学習者に新しい単語の意味を辞書で調べさせるときの「辞書」は、単語の意味が学習内容といえるので教材と考えられるが、意味を調べるための道具と考えれば教具ともいえる。

　たかが道具、されど道具。道具としての教材・教具を適切に選択し、使いこなすことは、効果的に教室活動を実践していく上で、大きな武器になる。

入門編

主教材の選択≒コース・デザイン

次のような状況を考えてみよう。

> 初級の日本語コースを、新しく担当することになった。そこで、ある市販教科書を主教材に選び、2週間に1課のペースで、第1課から順番に教えていくことにした。授業では、教科書にあるモデル会話とドリル練習を順番に行い、モデル会話を練習するときは、付属の会話テープを使う。漢字については補助教材を作ることにしたが、この教科書だけでは、書くことの練習が十分ではないので、作文教材は自作することにした。また、教室ではできるだけ口頭練習の時間をとりたいので、読解練習は宿題にすることにした。

この一連の手順を、コース・デザインの枠組みの中で、あらためて位置づけてみたら、どうなるだろうか。

　コースやクラスの中心となる教材を主教材、補助的に使われる教材を副教材という。ある教科書をコースの主教材に選べば、そのコースで教えられる内容がほぼ決まる。つまり、主教材を選ぶということは、コース・シラバスの決定（＝シラバス・デザイン）とほぼ等しい。また、「２週間に１課」という時間配分や「第１課から順番に」という教授順序の決定は、コース・シラバスの配列（＝カリキュラム・デザイン）だし、「練習問題と会話テープを使う」「作文教材を自作する」というのは、教室活動、教材・教具の決定（＝カリキュラム・デザイン）である。

　このように考えると、主教材の決定というのは、単なる教材選びの一つではなく、シラバス・デザインやカリキュラム・デザインの代替、場合によっては「コース・デザインそのもの」であることがわかる。

教科書

　第1章で述べたコース・デザインの流れに従えば、教科書とは、**ニーズ分析の結果に基づいて教師が自作するもの**であって、本屋で買ってくるものではない。しかし、実際の現場では、前ページのように、市販の教科書選びが前提とされる状況は珍しくない。

　良い教科書を作るためには、多大な時間、労力、知識、技術を必要とする。教科書作成に注ぎ込むエネルギーを、得られる成果とのコスト・パフォーマンスから考えれば、すべての教材をゼロから自作するのではなく、市販の教科書を主教材に用い、足りないところを教師自作の副教材で補うというのは、決して悪いことではない。時間と体力を教科書や教材の作成に使い果たしてしまったら、それこそ本末転倒である。

教科書の長所　　教科書があれば、複数クラスやチーム・ティーチング（team teaching、複数の教師で1つの授業科目を分担して教えること）では、授業の内容や進度の目安になる。学習者にとっても、何をどういう順序で学ぶかが明らかなので、コースに対する安心感、達成感が得られる。

選択の基準　　教科書を選ぶときは、学習者のニーズに最も合ったシラバス（p.39）を採用しているものを選ぶのがよい。教科書の前書き部分には、採用しているシラバス、想定している学習者、学習形態、学習時間などが書かれていることが多いので、それらを読むのがよいだろう。このほか、教科書を選ぶときのポイントには、次のようなものがある。

1) 媒介語が使われているか。
2) 表記はローマ字か平仮名か、あるいは漢字仮名混じりか。
3) 漢字には振り仮名が振られているか。どの位置（漢字、漢字）にあるか。
4) 文法的な説明があるか。

　また、内容だけでなく、価格や分量などの外的条件も大切である。短期間の集中コースなのに、分厚い教科書では消化

しきれないし、日本語学習にあまり費用がかけられない学習者に高額なものは薦められない。いくら内容が良くても、細かな活字でびっしり書かれた本文では、ページを開いた途端に学習意欲がそがれることもあるだろうし、通勤途中での予習復習を前提にしてコースを組み立てるのなら、ハードカバーの重すぎる本では、不適当である。

良い教科書　いずれにせよ大切なのは、良い教科書かどうかは、絶対的な基準で決まるのではなく、**学習者のニーズとの相対的な関係で決まる**という点である。教科書を選ぶときは、「有名な先生が作ったから」「多くの機関で使われているから」ではなく、「学習者のニーズに最も合っているから」という視点を忘れてはならない。「なぜ『敬語』を勉強するのか」と学習者に聞かれたときに、「教科書にあるから」ではなく、その学習者にとって「敬語」が必要な理由をきちんと答えられるようにしたい。

モジュール型教材

モジュール型教材　**モジュール型教材**というのは、各単元がそれぞれ完結しており、どれをどの順序で使うかを、自由に決められる形式の教材をいう。自動車教習所に通った経験があれば、そこでの学科教習を思い出してほしい。第1段階ではｘｘとｘｘ、仮免許試験までにｘｘとｘｘ……というように、受講する順序に大まかな指定はあったものの、その中であれば、自分の都合に合う時間帯や興味の持てる学科から受講でき、各学科の内容もそれぞれ独立していたはずである。

旅行会話集　『トラベルｘｘ語会話』といったテキストを見たことがある人も多いだろう。「入国審査、両替、レストラン、ショッピング……」のように、すぐに役に立つフレーズが、場面ごとに並んでいる。このようなテキストでは、必ずしも最初のページから順を追って勉強しなくても支障はない。必要なところを必要なときに利用すればよい。

これらは、私たちにとって身近なモジュール型教材の具体例である。第1課から順を追って積み上げ式になっている教科書では、課の順序を入れ替えたり、一部分だけを抜き出して使ったりすると、未習の単語が出てきたり、文型の提出順が逆になったりする恐れがあるが、モジュール型教材では、このような心配がない。

生教材

教育のために作られた**教育教材**（educational material）に対して、実際に使われている素材を教材として利用する場合、その素材を**生教材**（authentic material／raw material）という。「生教材＝レアリア（p.111）」とする立場もあるが、本書では、教材として使われているものを生教材、教具として使われているものをレアリアとして両者を区別して扱う。

生教材の例：
1) テレビのニュース番組を聴解クラスで使う
2) 新聞記事を読解クラスで読む

生教材は、中・上級ではもちろんのこと、使い方によっては、初級でも利用できる。例えば、片仮名を導入した直後に、「新聞や雑誌の切り抜きを見て、片仮名語を○で囲む」という教室活動を行えば、片仮名の文字認識の練習になる。また、「ラジオの天気予報を聞いて、自分が住んでいる地域の天気を聞き取る」という教室活動は、地域名、天気予報の基本語彙（晴れ、雨、曇り、時々など）が分かれば、スキャニング（→p.78）の練習になる。

多くの学習者にとって、日本語学習の最終目標は、実際に日本語を使いこなすことにある。そこで、早い時期から、生教材を適切に取り入れていくことは、実践的な言語運用能力の養成を助けるだけでなく、学習の動機づけにもなる。

テープ教材

　テープ教材（audio-tape material、**音声テープ教材**）は、**モデルの提示**（会話や発音練習の手本となる音声を聞かせる）、**ディクテーション**（dictation、音声を聞いて文字で書く）、**聴解練習**などに用いられる。

　テープ教材を「音声を提示する手段」としてみれば、教師の発話との間に本質的な違いはないが、テープ教材が教師の発話より優れている点は、理想的なモデルが何度でも同じ状態で提示できることにある。授業では、教師自身が発話しなくて済む分、学習者の観察とフィードバックに集中できるし、機器環境が整うなら、学習者の進度や弱点に応じて異なるテープ教材をそれぞれ与え、各自のペースで学習させることもできる。女性教師が男性の声を聞かせる、効果音を利用する、といったことも簡単にできる。

　一方、テープ教材より教師の発話が優れている点は、学習者のレベルや教室活動の段階に応じて、発話の速度や発音の明瞭さ、音量などを微妙に調整できることにある。ほんの短い発音モデルを何回も聞かせるときには、テープレコーダーの再生ボタンと停止ボタンを何度も操作するより、教師が発音してしまった方がスムーズな場合もある。

ビデオ教材とレーザー・ディスク教材

ビデオ教材と**レーザー・ディスク教材**は、どちらも音声を伴った動画を提示する機能を持つ。静止画である絵や写真、音声情報のみのテープ教材と比べて、はるかに多くの情報が提示できる。

日本語教育用に作られたビデオ教材には、文型理解を目的とするもの（教材5）、文型や語彙は配慮されているが自然なドラマ仕立てになっているもの（教材6）がある。このような教育教材には、初級レベルのものが多く、中・上級になるにつれ、生教材が使われる割合が多くなる。

教材5

先生が写真を撮ってあげました

教材6

インタビュー―聞き手と話し手―

上：氏家研一『ビデオ講座日本語』（東京書籍株式会社）より
下：国立国語研究所、日本シネセル株式会社「日本語教育映像教材　初級編『日本語でだいじょうぶ』」（インターコミュニケーション）より

レーザー・ディスク教材には、教育教材として作られたものは少なく、映像がデジタル信号として入力されている特徴を生かして、マルチメディア教材（→p.107）の一部に組み込まれている場合が多い。ビデオ教材との違いとしては、**ラ**

ンダム・アクセス (random access) が**できる**点が挙げられる。ランダム・アクセスというのは、**ある部分を任意に取り出すこと**をいう。つまり、頭出しや巻き戻しなどをしておかなくても、見たい部分に瞬時にアクセスできるのである。

ビデオ教材もレーザー・ディスク教材も、あくまで教えるための素材であり、「この教材はこう使う」という、唯一絶対の使い方があるわけではない。理解する対象としての、いわば教材的な使い方としては、映像（と音声）を見て、「文型や表現が使われる状況」「文末イントネーションやプロミネンスなどの音声情報」「お辞儀の仕方や相手との距離などの非言語情報」などを理解する活動ができるだろう。

また、授業の道具、いわば教具的な使い方には、
1) 学習者を2グループに分け、一つのグループには映像だけ、もう一つには音声だけを提示し、互いの情報を持ち寄ってインフォメーション・ギャップ（→p.67）を埋める
2) 音声を消した映像に台詞や解説をつける
3) ディスカッションや文章作成の話題提供に使う

などがある。

CAIとCALL

CAI (Computer Assisted Instruction) とは、**教育を目的とするコンピューターの利用法**をいい、言語教育に限らず「外科手術のシミュレーション」「スポーツ選手のイメージトレーニング」などコンピューターを教育に利用すること全般を指す。そこで特に、言語教育での利用についてCALL (Computer Assisted Language Learning) ということもある。

次ページの教材7は、漢字のCAI教材である。学習者は、授業の空き時間を利用したり、プログラムを自宅のコンピューターに入れたりして、好きなときに好きなだけ予習復習ができる。このプログラムは、学習者ごとに学習履歴（利用回

数・正答誤答数・反応時間など）が記録できるようになっており、教師は学習履歴によって、個々の学生の学習状況や誤答の傾向などを知り、教室活動に生かすことができる。

教材7

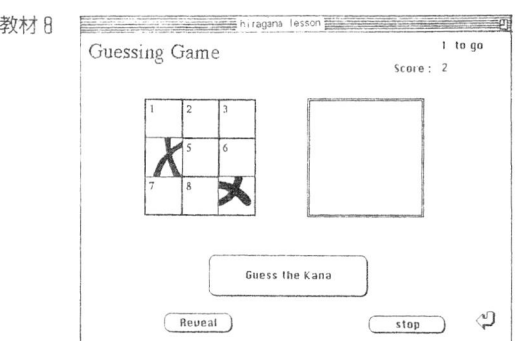

教材8は、平仮名のCAI教材で、「分割されたパネルを1枚ずつめくり、どの平仮名かを答える」という、ゲーム的要素を組み込んだものである。早く正解にたどり着くには、手当たり次第にめくるのではなく、例えば、どこを開ければ「ね」と「わ」が区別できるかを考えなければならないので、無意識のうちに平仮名の弁別的特性（→p.71）を認識する訓練ができるようになっている。

教材8

ひらがなCAI教材『ひらがな&カタカナ』（パデュー大学畑佐一味氏による）
パデュー大学ホームページから（http://www.sla.purdue.edu/fll/JapanProj/Kana/Kana.html)、インターネットを通じて無料でダウンロードできる。

このように、CAI教材には、
1) 学習者が自分のペースで学習できる
2) 個別学習の記録が残せる

といった特徴がある。また、紙に印刷された教科書やワークブックと異なり、
1) 内容の改訂や入れ替えが容易にできる
2) 学習者の反応によってフィード・バックの方法や回数を変えられる

といった利点もある。

CAI教材以外にも、
1) キーボードから日本語を入力する
2) ワープロ・ソフトを使って作文を書く
3) インターネットを利用して情報を得る

のように、コンピューター本来の機能を利用した教室活動も考えられる。

マルチメディア教材

　情報のデジタル処理（1か0）が可能な複数のメディア（media、媒体）を統合的に組み合わせて作られた教材を**マルチメディア（multimedia）教材**といい、コンピューターが利用される。

　「レーザー・ディスクの映画と台詞を、コンピュータ画面に同時に映して聴解練習に使う」「インターネットから取り込んだ新聞記事を画面上で読みながら、知らない単語の意味を辞書検索ソフトで探す」といったシステムが、一例として挙げられる。

CAIやマルチメディア教材は、ビデオ、教科書、音声テープ、辞書など、従来の媒体の「単なる組み合わせ」以上の可能性を持っている。さらに、教師がプログラムに手を加えられる**オーサリング機能**や学習者の反応が随時システムに取り込まれる**インタラクティブ（双方向的）な機能**などによって、個々の学習者に応じた、よりきめ細やかな教育システムの構築も可能である。

　その反面、CAIやマルチメディア教材の導入には、機器やプログラムの準備に、ある程度の初期投資が必要であり、教師にもハードとソフトの両面の知識が要求される。日常のメンテナンスにも気を配らなければならない。また、学習者の中には、こういった機器を使った学習に抵抗を覚える者もいるだろう。多くの費用と労力を費やしたのに、教科書、ノート、鉛筆を使った昔ながらの学習方法と同じ効果しか得られない、というのでは悲しい。**使う教材によってどのような（教育上の）効果が得られるか**、そして、**他の手段や媒体を使うより効果的か**を、常に考えることが大切である。

文字カード

　文字通り、文字が書かれたカードである。教材9は、文字を提示するためのもので、文字の導入に用いられるほか、板書と併用して助詞に注目させたり（イラスト1）、五十音図（→p.111）と併用して動詞の活用練習をしたり（イラスト2）といった使い方もある。教材10は、連想法を利用して文字を導入するための市販教材である。

　教材11は、語彙を提示するためのもので、語彙の導入、練習、ドリルのキュー（イラスト3）としてだけでなく、既習項目を使ったゲームの道具（イラスト4）にも使うことができる。

　教材12も、語彙を提示するものだが、特に動詞の活用形の導入、練習を意図しており、アクセント情報が付されている。

教材9　　あ　　が　　曜

イラスト1

昨日 ✗ デパート へ 時計を買い に 行きました。

イラスト2

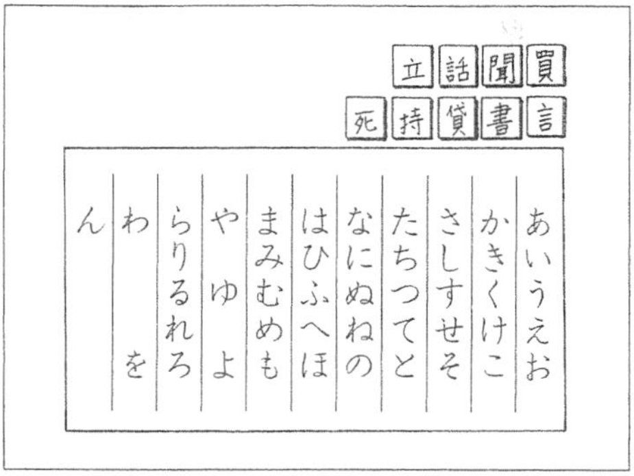

| 立 | 話 | 聞 | 買 |
| 死 | 持 | 賣 | 書 | 言 |

| ん | わらりるれろを | やゆよ | まみむめも | はひふへほ | なにぬねの | たちつてと | さしすせそ | かきくけこ | あいうえお |

教材10

ひ

A huge smile. Some laughs sound like "hee-hee"
ひ for hee-hee.

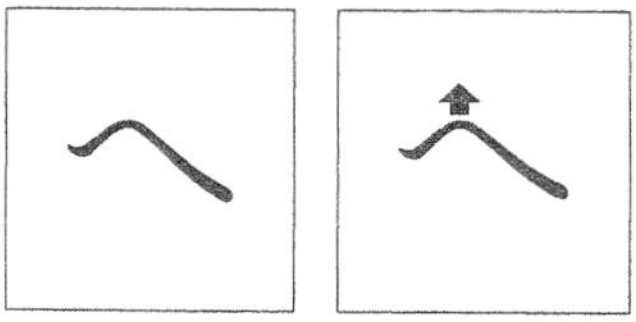

へ　へ

This points in the direction of heaven.
へ for heaven.

Hiroko Quackenbush and Mieko Ohso (1991)
"This book includes material from Hiragana in 48 minutes. Teacher's Set Permission has been given by the publisher Curriculum Corporation PO Box 177 Carlton South Victoria Australia 3053
http://www.curriculum.edu.au Email:sales@curriculum.edu.au Tel:(03)9207 9600 Fax:(03)9639 1616.

フラッシュ
・カード

　文字カードは、**フラッシュカード**（flash card）と呼ばれることがある。これは、文字カードを次々と閃光（フラッシュ）のように提示し、それに素早く反応して、単語や活用形を言う練習からつけられた呼び方である。しかし、これはあくまで、文字カードの使い方の一例に注目した名称であり、**文字カード＝フラッシュカードではない**ことに注意したい。

五十音図

　日本人にはおなじみの五十音の一覧表である。小学校の教室の壁に貼ってあることが多いが、高学年の教室ではあまり見かけないところをみると、小学校ではもっぱら、平仮名や片仮名を定着させるために使われているからであろう。日本語教育の現場でも、平仮名の体系を示すなど、文字教育で使われることが多いが、発音練習や動詞の活用規則の導入など、文字教育以外の用途でも、しばしば用いられる。

ん	わ	ら	や	ま	は	な	た	さ	か	あ
	ゐ	り	(い)	み	ひ	に	ち	し	き	い
	(う)	る	ゆ	む	ふ	ぬ	つ	す	く	う
	ゑ	れ	(え)	め	へ	ね	て	せ	け	え
	を	ろ	よ	も	ほ	の	と	そ	こ	お

レアリア

　レアリア（realia）とは、**教具として用いられる実物**をいう。「本」という単語の意味を教えるとき、「book／libro／书」のように、学習者が分かる言語で対訳を与えるのも一つの方法だが、「実物の本」を見せてもよい。この場合の「本」がレアリアである。レアリアは、名詞の意味だけでなく、「赤い／大きい／きれいな本」のように、イ・ナ形容詞にも使えるし、学習者の間で「本」をやりとりさせて「あげる／もらう」という授受動詞の練習にも使うことができる。単語の導入やドリルのキューとして、教師が「食べる／歩く／書く」など、動作を実演してみせるのも、レアリアの一種といえる。

絵教材・写真教材

絵教材と写真教材には、市販教材（教材13）、教師の自作教材（教材14、15）、雑誌のイラストなどを利用して作ったものなどがある。教材15は、「Ｖテカラ」を使って、連続した動作を表す文型の結合ドリルのキューとして、絵教材が使われている例である。絵教材は、余分な情報をカットして、注目させたい情報を際立たせることができるため、単純な動作を引き出すキューとして、しばしば利用される。

一方、写真教材には、絵教材にはない臨場感や現実感があるが、逆にその情報量の多さが、かえって学習の邪魔になることがある。

教材13

V-17　買います　　　　V-18　（写真を）撮ります

（(財)海外技術者研修協会編：『携帯用新絵教材―「新日本語の基礎Ⅰ」準拠―』株式会社スリーエーネットワーク）より

教材14

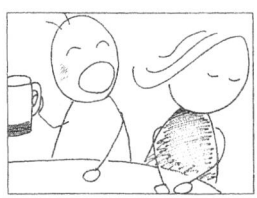

「～テイル（飲んでいる）」「ソウ（楽しそう）」「～クナル（赤くなる）」「誘いと断りの言い方」など、さまざまな文型、表現の練習で利用できる。

教材15

起きてから歯をみがく

OHPとは、over head projectorのそれぞれの頭文字をとったもので、トラペン（transparency sheet、トランスペアレンシー・シート）あるいはOHPシートと呼ばれる透明なシートを光源の上に置き、反射、拡大して、投影する機器である。

OHPもトラペンも、あくまで提示媒体としてのハードの名称で、静止画や文字を提示する機能は、絵／写真教材や文字カードと同じであり、「透明なシートで、もとの文字や絵を拡大して提示できる」ことが、紙媒体にはない特徴といえる。

例えば、授業で下のような表を提示したいとする。

	尊敬語(辞書形)	テ形	ナイ形	マス形
食べる 飲む	めしあがる	めしあがって	めしあがらない	めしあがります
いる 行く 来る	いらっしゃる	いらっしゃって	いらっしゃらない	いらっしゃいます

2〜3名の学習者と一つの机を囲むような授業なら、教科書をそのまま提示しても、全員でそれを見ることができる（イラスト5）が、多人数のクラスではそれは難しい（イラスト6）。

イラスト5

イラスト6

　プリントを配布することも考えられるが、それでは全員に同じ個所を注目させたいときの指示が煩雑になる（イラスト7）。

イラスト7

　このようなときに、OHPを使えば、多人数のクラスでも全員で同時に同じ個所を見られるし、学習者の反応を見ながら書き込みを加えたり（イラスト8）、「透明なシートである」ことを利用して、次々シートを重ねるといった使い方もできる。

イラスト8

スライド

スライド (slide) は、ポジ・フィルムを映写機（スライド・プロジェクター、slide projector）で投影する装置で、静止画や文字を提示する機能はOHPと同じだが、部屋を暗くしなければならないので、スライドを投影しながら、メモを取ったり手元の教科書を見たりするのは難しい。しかし、光源と投影物の距離が一定なので、大きい教室会場で漢字を大写しにするなど、画像情報を正確に見せたりするのには、OHPより適している。

写真を見せながら説明する

ロール・カード

ロール・カード (role-card) とは、ロール・プレイ（→p. 70）を行うときに、役割や状況の説明に用いられるものである。

ロール・カードは、ロール・プレイを行うときに使われる教具だが、しかし、ロールプレイには必ずしもロールカードを使うというわけではない。状況設定は教師が口頭で与えてもよい。「複雑な指示ならロール・カードで、簡単な指示なら口頭で」「媒介語が使えないなら学習者の母語で書かれたロール・カードで、媒介語や日本語で説明できるなら口頭で」などを考慮し、カードがあった方がスムーズな場合は、ロール・カードを使う。

ロールカードの例：

1)
> You have checked into a hotel room and intend to take a shower, but the shower has something wrong with it. Call house keeping and ask them to fix it as soon as possible.

『ACTFL OPIロールプレイカード日本語翻訳版』©ACTFLより

2)
> あなたは、日本語で手紙を書きました。
> でも、正しいかどうか、自信がありません。
> 日本語の先生に、日本語のチェックを頼んでください。

(北海道大学留学生センター『Conversation for You ロール・カード』より)

まとめ

　入門編では、いろいろな教材・教具をみてきた。学習者の顔を思い浮かべながら、教材や教具を作ったり、新しい使い方を考えたりするのは、とても楽しい。しかし、教材準備というものは思いのほか時間がかかるものなので、日ごろから、目にした雑誌から写真を切り抜いておいたり、一つの話題に関連する新聞記事やテレビのニュース番組を集めておいたりするとよい。

　教材・教具の使い方は一通りとは限らないし、どの学習者にも適当な、オールマイティーな教材というのもありえない。また、手元にある教材が、当初は予想もしなかった使い方で再利用できることもあるし、先学期の学生には効果的だったが今学期は使えない、といったことも頻繁にある。

　教材・教具を使いこなすには、柔軟な発想が大切である。部屋の窓から見える風景や事物、駅のホームで聞いたアナウンスなど、あらためて机の前に座らなくても、教材研究の素材は身近なところに転がっている。

基本問題

問題1 次の(1)〜(5)は、ある教材・教具の特徴である。何について述べた文か、あてはまるものをa〜kのうちから、それぞれ一つずつ選べ。

(1) 文字情報の提示という点では、教師が黒板に書くのと同じだが、あらかじめ準備しておけるので、書くための時間が短縮できる。黒板に貼って板書と組み合わせたり、学習者に持たせたりなど、さまざまな形態での利用が可能である。

(2) 動画と音声を同時に提示できる。授業で使う場合は頭出しをしておく、使いたい部分を取り出して編集しておく、などの準備が必要である。

(3) 教室に臨場感、現実感をもたらすという長所があるが、抽象的な物事には使えない。

(4) 文字情報や静止画を提示するのに適している。自作も簡単だが、必ず機器を使用するため、それが調達できない場合には使うことができない。

(5) 静止画を提示できる。余分な情報をカットして、注目させたい情報を際立たせることができる。順序を入れ替えたり、組み合わせを変えたりすることも簡単である。

 a 教科書 b 写真教材 c 絵教材 d OHPシート
 e レーザー・ディスク教材 f ビデオ教材 g CAI教材
 h レアリア i スライド j 文字カード k 生教材

解答 問題1 (1) j (2) f (3) h (4) d (5) c

解説 問題1 (1)文字情報を提示する機能は、OHPシート、スライドにも共通するが、「黒板に貼る」「学習者に持たせる」という使い方ができるのは、文字カードだけである。

(2)音声と動画を同時に提示する機能は、レーザー・ディスク教材とビデオ教材に共通するが、ビデオは見たい個所を再生するのに、テープを巻き戻したり、早送りしたりしなければならない。これに対して、レーザー・ディスクは、情報がデジタル化されているので、ランダム・アクセス（random access）ができる。ランダム・アクセスができるかできないかという違いは、音声テープとCDとの間にも同じようにみられる。

(3)言うまでもなくレアリアは、教室に持ち込むことが難しい事物（飛行機／雨／神社）や抽象的な事柄（考える／嬉しい／哲学）には、使うこと

ができない。
(4)OHPシートには、PPC (plain paper copier) 用と手書き専用の2種類があり、どちらも文具店などで購入することができる。PPC用のシートは、紙と同じようにコピー機やプリンタを通せるので、教科書の一部分を複写したり、ワープロで作った練習プリントと同じものをOHPシートにしたりすることができる。シートに書き込むときには、専用ペン（油性と水性がある）を使う。水性ペンなどで書いた後、水で洗い流せるので、何度でもシートを再利用できる。
(5)第1文、第3文は写真教材の特徴でもある。第2文の「余分な情報をカット」できるかどうかが、絵教材と写真教材の違いである。

応用問題

問題1 次の(1)～(5)は、教材や教具を利用する上で、考慮に入れるべき点についてまとめたものである。それぞれのa～dのうちから不適切なものを一つずつ選べ。

(1) 文字カードは、
　　a　文字の大きさだけでなく、字体にも注意が必要である。
　　b　中・上級レベルでは使用されない。
　　c　教師の自作が容易である。
　　d　学習者の注意を教師に集中させられる。
(2) CAIは、個々の学習者のペースでの自習が可能であるが、
　　a　導入後も機器やソフトのメンテナンスが必要である。
　　b　機械の操作に不慣れな学習者がストレスを感じる可能性がある。
　　c　機器の導入にある程度の金額がかかる。
　　d　どこを間違えたかなど、学習のプロセスを教師が把握できない。
(3) 生教材としてのテレビのニュース番組は、
　　a　初級レベルの学習者には利用できない。
　　b　時事用語など語彙の配慮が必要なものがある。
　　c　聞き取り以外の練習にも利用できる。
　　d　学習の動機づけになる。
(4) 生教材としての新聞記事は、
　　a　語彙文型が難しいので初級では利用が不可能である。

  b 本来、読んで理解するための素材なので、読解授業で使うべきである。
  c ビジネスピープルを対象とするクラス以外では教育効果が薄い。
  d 話題について、学習者への配慮が必要な場合がある。
(5) 音声テープによるモデル会話の提示は、
  a 何度でも同じ状態で繰り返せるという利点がある。
  b 教師自身が発話しない分、学習者の観察に集中できるという利点がある。
  c 発話の速度や発音の明確さを、学習者に応じて調整できるという利点がある。
  d 背景音やBGMを入れられ、臨場感が出せるという利点がある。

解答 問題1 (1)b (2)d (3)a (4)b (5)c

解説 問題1 (1)文字カードは、初級授業で用いられることが多いが、教室活動によっては中・上級授業でも使用できる。a「字体への配慮」については、「文字教育 (p.71)」の項を参照のこと。
(2)CAIでは、システムの設計により、学習履歴の把握、誤答傾向の分析なども可能である。
(3)初級レベルで、テレビのニュース番組の内容をすべて理解することは難しいが、スキミング(→p.82)やスキャニング(→p.82)など、教室活動の種類や教材選定によっては利用が可能である。c「聞き取り以外の練習」の例としては、「テロップによる内容の類推」「ディスカッションの話題提供」などが挙げられる。
(4)生教材としての新聞記事は、記事の選び方によりビジネスピープル以外のさまざまな学習者にも対応が可能である。その際、学習者の背景によって政治的、軍事的、宗教的な内容を避けるなどの配慮が必要なことがある。また、同じ話題を扱ったテレビニュースと連動させることにより、書き言葉と話し言葉の違いを学ぶ、ディスカッションのきっかけにするなど、読解以外にも利用が可能である。
(5)テープレコーダーの操作により発話の速度を調整することは可能だが、発音の明確さはオリジナルの録音の方がやはり優れている。

エキスパート編

教材・教具の弊害

　入門編では、主な教材と教具を取り上げ、特徴や使い方をみてきた。教材・教具を上手に使った授業は、楽しくかつ効果的だが、教師が予想しなかった弊害を招くこともある。エキスパート編では、教材・教具の限界を知り、教室活動における役割を再認識する。

レアリアの限界

　レアリアの長所は、
　　1) 教室に現実感をもたらす
　　2) 媒介語なしに意味を導入できる
という点である。特に、説明に使える日本語が限られている初級レベルでは、語彙や文型の説明にレアリアが使われることが多い。例えば、「本」という単語を導入するときに、翻訳を与えるのでなく、本そのものを見せるというのがそれである。

　「動詞の意味を導入するときに教師がその動作をしてみせる」というのも、レアリアの一種と考えられる。「歩く」という単語を導入するときに、"to walk（英語）／andar（スペイン語）／走（中国語）"という対訳を与えるのでなく、「教師が歩いてみせる」のである。この方法を取れば、確かに母語や媒介語を使わなくても、「本」や「歩く」の意味を伝えることができるので、「訳語を当てはめてそれで事足れり」とする学習態度は、ある程度排除できるだろう。

　しかし、レアリアを使うことによって教室から訳語を排除したとしても、根本的な解決にはなっていないことに注意したい。例えば《絵1》を見た学習者は、《絵1》だけが「歩く」だとは考えず、《絵2》も《絵3》も「歩く」だと理解する。これは、（例えば英語話者なら）《絵1》も《絵2》も《絵3》も、同じく英語で"to walk"だからである。すな

わち、"to walk" という単語こそ口にしていないが、頭の中では"歩く＝to walk"と理解している可能性が高い。そして、その類推から「私は学校に歩きました（＝I walked to school)」という誤った文を作ることもあるだろう。

絵1

絵2

絵3

　ここから言えるのは、「教室に媒介語が表れない」ことと、「学習者がどのように理解しているか」は、まったく別のものだということである。たとえレアリアや絵教材を駆使し

て、教室から翻訳を排除したとしても、学習者が頭の中で翻訳によって理解することは防げない。

　つまり、レアリアによる意味の導入は、教室に母語や媒介語を持ち込まないという点では、一定の効用が見いだせるが、翻訳による理解や誤解を根本的に排除することにはならないのである。

絵教材の弊害

　レアリアと同様、絵教材も初級レベルで使われることが多い教具の一つである。

　例えば、「～てから～(新聞を読んでから洗濯をしました)」「～前に～(洗濯をする前に新聞を読みました)」のドリル練習を考えてみる。教師が、「新聞、洗濯」と、口頭でキューを与えるより、

をキューに使った方が、動作の前後関係が目で見てはっきり確認できるので分かりやすい。このように、動詞の絵教材は、ドリルのキューとして、その動詞を引き出すときに有効である。

　しかし、絵教材には、このような長所がある一方で、思わぬ誤解を招くことがある。最も単純な例では、「洗濯する」という言葉の意味を教えようと、次の絵を見せたときに、「洗濯をする＝洗う、干す」のように解釈されるといったケースがある。

教材16

教材17

また、「食べる」の意味を導入するために次の絵教材を見せたとする。

教材18

教材19

教材⑳

　教師がこの絵教材から分かってほしいのは、「食べ-」の部分の意味だけで、「-る」という非過去形の意味（習慣や未来の動作を表す）ではない。しかし、学習者は、この3枚の絵と同時に、「食べる」が提示されたことから、「食べる」が現在進行の意味も持っているととらえてしまうかもしれない。

　絵教材から、教師が意図していない情報が伝わってしまうのは、動詞に限ったことではないが、特に動詞の場合は、テンス（過去、非過去）やアスペクト（現在進行）などの文法の理解にも影響が及び、その後の日本語学習に無用の混乱を引き起こす可能性がある。従って、特に、動詞の意味の導入に、絵教材を用いるときには、テンス、アスペクトの誤解を防ぐような配慮が必要である。

まとめ

　教材、教具をふんだんに使った授業は、一見、楽しく見える。しかし、絵教材もレアリアも文字カードも教科書も、あくまで教えるための道具にすぎないことを忘れないようにしたい。「同じ教材を使えば、同じ授業ができる」というものではないし、鉛筆1本で効果的な授業をすることだってできる。

第4章 評価

> **ねらい**
>
> I．テスト（試験）の種類や目的を知り、効果的な実施方法について考える。
> II．日本語教育における評価の多様性を知り、自分が行っている評価活動の位置づけや意義をあらためて考える。

「評価＝テスト」か？

　入学試験、学期末試験、漢字のテストなど、学校生活の中において、私たちはこれまで、さまざまなテストを受けてきた。九九の暗唱、跳び箱、リコーダーなど、実技テストの経験を持つ人もいるだろう。好むと好まざるとにかかわらず、教育課程と評価は密接な関係にあり、その多くはテスト（＝試験）という形で実施される。

　日本語教育における評価を、最も狭くとらえれば、「学習者が持っている日本語の知識や運用能力の測定」であり、これはテストとほぼ等しい。しかし、最も広くとらえれば、「コース全体や個々の要素（教材・時間割・学習環境・教師の教え方・学生の到達状況など）について、実態を把握し判断を下す作業全般」までを含み、その場合は必ずしも「評価＝テスト」ではない。

　本章では、日本語教育における評価とテストを概観し、その多様性を知る。さらに、自分が行っている評価活動の位置づけや意義をあらためて考える。

入門編

コース・デザインと評価

　教師が学習者に対して行う評価（テストとは限らない）には、学力の判定以外に、次のような機能がある。

◆教師にとって

　1) 到達目標の設定、修正

　　到達目標を設定したり、修正したりするときの資料となる。

　2) 教授活動の促進、改善

　　1) と同様、教師がそれまでの教え方を反省する材料になる。

◆学習者にとって

　1) 学習活動の促進、改善

　　学習者自身が、それまでの勉強方法を振り返り、自信を深めたり、やり方を変えたりするための手がかりとなる。

　2) 学習の動機づけ

　　「いい成績がとれるようにがんばろう」というように、学習の動機づけにつながる。

◆教育機関にとって

　1) 学習活動、教授活動の記録

　　学生の学習活動、教師の教授活動の記録になる。

　2) 教育内容、設備の改善

　　学習活動、教授活動の成果を知ることで、今後の教育内容や設備などを改善するための資料となる。

　コースにおける評価は、「実施時期」と「目的」という観点から、次の三つに分けることができる。

1）事前的評価

　事前的評価とは、コース・デザインに必要な情報を得るために、コースの開始前に行われる評価のことをいう。レディネス調査（→ p.29）、言語学習適性調査（→ p.29）がこれにあたる。事前的評価の結果によって、クラス分けが行われることも多い。

2）形成的評価

　形成的評価（formative evaluation）とは、「学習の途中段階で、学習活動をより効果的なものにするために行われる評価」をいう。各課ごとの小テスト、学期ごとの中間テストや期末テストなどがこれにあたる。学習者の「どこができていて、どこができていないか」を把握することで、学習者にとっては、その後の学習活動の方向づけと動機づけの指針に、教師にとっては、コースの内容や自らの教え方を省みて、その後の教育活動を改善するための指針となる。

3）総括的評価

　総括的評価（summative evaluation）とは、「学習が一段落、あるいは終了した時点で、学習者がどの程度目標を達成したかを明らかにする評価」をいう。学習者にとっては自らの学習成果を知る機会となり、教師や教育機関にとっては、コース・デザインが適切であったかを省みるための資料となる。

テストの評価

日本語能力の測定には、テストが用いられることが多い。テストそのものの良し悪しを測る尺度には、**信頼性**（reliability）・**妥当性**（validity）・**客観性**・**使い勝手**がある。

信頼性

信頼性（reliability）とは、**テストが一貫した結果を示しているかを記述するための尺度**をいう。つまり、同じテストを同じ条件で何回実施しても、いつでも同じ結果が得られるかどうかである。

テストの信頼性を損ねる要因には、次のようなものがある。
1) まぐれ当たり
   例：○×式の問題で、適当に○をつけたら当たってしまった。
2) 学習者の不注意
   例：解答欄を間違えた。適切な選択肢に○をつけるという設問で、不適切な選択肢に○をつけてしまった。
3) 実施時のアクシデント
   例：聴解テストの実施中に教室の外で道路工事が始まった。
4) 出題ミス
   例：問題文の指示が曖昧だった。正解がなかった。

このほか、長時間にわたる試験で集中力が落ちケアレスミスを誘発した、学習者の体調が悪かった、教師の採点ミスなどがある。

信頼性の測定には、次のような方法がある。
1) 再テスト法
   もとのテストとまったく同じ内容、形式のテストを、同じ学習者に対して2度実施する。
2) 平行テスト法
   もとのテストと難易度、形式、内容が等しいテストを、同じ学習者に、同じ時期に実施し、その相関をみる。

3）折衷法
　　一つのテストの奇数番号問題と偶数番号問題の得点をそれぞれ別個に集計し、その相関をみる。

妥当性

妥当性（validity）とは、**測ろうと意図したものを、そのテストが本当に測っているかについての度合い**をいう。

例えば、次のような聴解テストを考えてみる。

> テープの会話を聞いてください。女の人は何と言っていますか。a～dから正しいものを選びなさい。
> 問1　男：昨日どこへ行きましたか。
> 　　　女：a　がこう
> 　　　　　b　かっこう　へ行きました。
> 　　　　　c　がっこう
> 　　　　　d　かっこ

テープを聞かなくても、正解がcであることは容易に想像できる。これは、私たちが「がっこう（学校）」という単語とその正しい表記を知っているからである。つまり、この聴解テストでは、聴解能力ではなく、単語と表記についての知識の有無が測られていることになる。

このようなテストは、いくら信頼性が高くても、妥当性の点で問題がある。

客観性

客観性とは、**採点の結果に採点者の主観が入り込む度合い**をいう。特に、形成的評価においては、テストの結果を数値で示すことよりも、その時点で学習者が持っている知識や能力が、分かりやすい形で示されることの方が大切である。従って、「客観性が低い」という理由だけで、主観テストを排除するのではなく、「採点基準を決める」「複数の採点者で採点する」などの工夫によって、恣意的な部分をできるだけ取り除き、実施していく姿勢が重要である。

使い勝手

使い勝手とは、コスト・パフォーマンス（費用対効果の比率）というだけでなく、必要に応じて手軽に実施できるか、などをすべて含んでいう。

どんなに信頼性が高く、また、妥当性があるテストであっ

ても、問題の入手が困難であったり、特殊な機器などを用いるのでは、必要に応じて実施することができない。同じ結果が得られるのなら、できるだけ簡便なテストが望ましい。

テストの分類

テストは、その形式・種類・目的によって、いくつかのカテゴリーに分類できる。

熟達度テスト

熟達度テスト (proficiency test) とは、**学習者がある言語にどれだけ習熟しているかを測るテスト**をいう。特定のコースや教科書の学習内容を前提としておらず、「その言語についてどれだけの能力を持っているか」によって得点が決まる。とは言っても、言語能力とは、一回のテスト、一つの尺度で測れるような単純なものではない。文法の筆記試験は良い成績がとれたのに、面接試験では試験官の質問が全然聞き取れなかった、という経験や、会話力はネイティブ・スピーカー並みなのに文章を書くのはお手上げという例は、それほど珍しいことではない。

このような例は、言語能力がいくつかの能力の複合体であることを意味している。同じように、熟達度テストの結果が言語能力のどの側面を表しているかは、テストの形式や内容によって異なる。

次に挙げる日本語能力試験とOPIは、世界規模で行われている熟達度テストの例である。

日本語能力試験　　**日本語能力試験** (Japanese-Language Proficiency Test、主催：(財)日本国際教育協会、国際交流基金) は、「日本語を母語としない者を対象に、日本語能力を測定、認定するテスト」である。

日本語能力試験の認定基準

級	認　定　基　準	
1	高度の文法・漢字（2,000字程度）・語彙（1万語程度）を習得し、社会生活をする上で必要であるとともに、大学における学習・研究の基礎としても役立つような、総合的な日本語能力（日本語を900時間程度学習したレベル）	180分 400点
2	やや高度の文法・漢字（1,000字程度）・語彙（6,000語程度）を習得し、一般的な事柄について、会話ができ、読み書きできる能力（日本語を600時間程度学習し、中級日本語コースを修了したレベル）	145分 400点
3	基本的な文法・漢字（300字程度）・語彙（1,500語程度）を習得し、日常生活に役立つ会話ができ、簡単な文章が読み書きできる能力（日本語を300時間程度学習し、初級日本語コースを修了したレベル）	140分 400点
4	初歩的な文法・漢字（100字程度）・語彙（800語程度）を習得し、簡単な会話ができ、平易な文、または短い文章が読み書きできる能力（日本語を150時間程度学習し、初級日本語コース前半を修了したレベル）	100分 400点

　昭和59年（1984年）以降、毎年12月に実施され、1997年度試験（国内6地域、国外30カ国・地域、71都市で実施）の受験者は、10万4,079名（国内2万6,623名、国外7万7,456名）であった。

　試験は、1～4級に分かれており、それぞれ「文字・語彙」「聴解」「読解・文法」の3種類の試験がある。試験の構成と認定基準は、上の一覧表の通りである。

　試験の結果は、級ごとに合否が判定され（1級は280点以上、2～4級は240点以上が合格）、受験者全員に成績通知書が、合格者には日本語能力認定書が交付される。日本国内の大学では、入学を希望する留学生に日本語能力試験1級の受験を義務づけ、その成績を入試の選抜資料にするところが多いので、進学希望者が多い日本語学校では、1級合格をコースの到達目標の一つに考えることが多い。

OPI　　OPI（Oral Proficiency Interview）は、ACTFL（American Councilon the Teaching of Foreign Languages、全米外国語教育協会）によって定められた方式で行われるインタビューテストである。**テスターと呼ばれる試験官が学習者と**

図8　OPIの段階

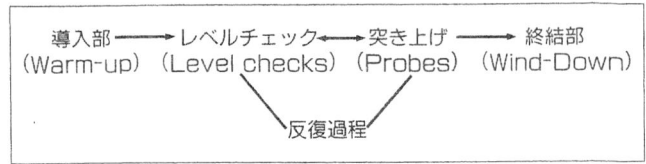

表　OPIの評価基準

	総合的タスク・機能	コンテクスト	内容	正確さ	テクストの型
超級	意見の裏付けをしたり、抽象化したり、仮説を立てたりすることによって、広範囲にわたって議論ができる	ほとんどのフォーマル、インフォーマルな場面	広範囲にわたる一般的興味に関する話題と、いくつかの特別な関心事、専門領域の話題、具体的、抽象的なじみのない話題	間違いがあっても、実質的には、コミュニケーションに支障をきたしたり、母語話者を悩ませたりすることはない	広範囲にわたる、連続した談話（複段落）
上級	主な時制・アスペクトを使って物事の描写、叙述ができる	ほとんどのインフォーマルな場面	個人的、あるいは一般的な興味に関する具体的で事実に基づく話題	母語話者でない人との会話に不慣れな人にも困難なく理解できる	段落を持つ談話
中級	簡単な質問をしたり、質問に答えることによって、簡単な対面型の会話が維持できる	いくつかのインフォーマルな場面と限られた数の何かに対処するような場面	主に自分自身と身近な出来事に関係した話題	母語話者でない人との会話に慣れている人には、何度か繰り返したりすることによって、理解してもらえる	単文、又は二、三の連文
初級	発話は、決まり文句や物事をリストアップしたり、列挙することに限られる	非常に予測しやすい、一般的な日常的場面	日常生活における、身近で断片的な事柄	母語話者でない人の会話に慣れている人にさえ、理解するのが困難である	個々の単語と句

（キャサリン・バック編、牧野成一監修、日本語OPI研究会訳『ACTFL-OPI試験官養成用マニュアル』©ACTFL, ALC）より

1対1で10〜30分間のインタビュー（面接）を行い、口頭の言語運用能力を測るテストで図8のような流れになっている。

中級以上の学習者に対しては、インタビューの後半部分で、必ずロール・プレイが実施される。これは、テスターとの1対1の会話とは異なる状況や話題を設定し、そこでの運用能力をみるためである。

学習者の言語運用能力は、次の1)〜4)の観点から左ページの評価基準に基づいて総合的に判断され、初級 (novice)、中級 (intermediate)、上級 (advanced)、超級 (superior) の四つのレベル（下位区分を含めると全10レベル）に位置づけられる。

1) 総合的タスク・機能（言語を使って何ができるか）
2) 場面と内容（身近な場面や話題だけでなく、抽象的なことも話せるか）
3) 正確さ（文法、語彙だけでなく、社会言語学的知識、運用能力などを含めた正確さ）
4) テクストの型（一語一語をポツポツと話すか、まとまったひとまとまりの談話を作れるか）

到達度テスト

到達度テスト (achievement test) とは、**特定のコースや教科書の学習内容をどれだけ習得したかを測るテスト**をいい、出題範囲はそれまでの教育内容に限定されている。到達度テストの結果は、「学習した内容をどれだけ分かっているか」を表しており、コースの途中、あるいは終了時に、形成的評価として実施されることが多い。

診断テスト

診断テスト (diagnostic test) とは、**学習者がどのような技能や知識を持っていて、今後どのような内容の学習が必要かを明らかにするテスト**をいう。コースの開始前の事前的評価、あるいはコース途中での形成的評価として実施されることが多い。

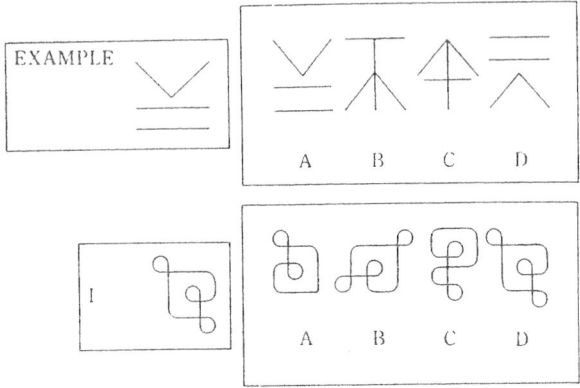

図9 図形再認問題(同時提示)例

```
VI.  The following questions are on the grammar of a new lan-
     guage. Study the grammar in the examples and answer the
     questions circling a, b, c, or d on your answer sheet.
A)
   ex. 1. palagiru-palagizu       3. tamitemaru-tamitemarazu
          to study  not to study     to teach   not to teach
       2. yodabaru-yodabarazu     4. yauriru-yaurizu
          to buy   not to buy        to speak not to speak
   ···················································································
Question 1   sayukiru- (     )      a.  sayukizu
                                    b.  sayukirazu
                                    c.  sayukarazu
                                    d.  sayukirizu


Question 2   dentaru- (     )       a.  dentizu
                                    b.  dentarizu
                                    c.  dentazu
                                    d.  dentarazu
```

図10 文法問題例

問題例（上・下とも）は、日本語教育学会編『日本語テストハンドブック』
（大修館書店）より

プレースメント・テスト

プレースメント・テスト（placement test）は、**学習者を適切なクラスに配置するためのテスト**をいう。つまり、プレースメント・テストとは、「テストの結果の使い方」による名称で、熟達度テスト、診断テストなどのように、テストそのものの形式や内容を規定するものではない。

事前的評価として行った熟達度テスト（→ p.130）や後述の言語学習適性テストの結果によって、クラス分けを行うなら、それぞれのテストが、プレースメント・テストとしての機能を果たしていることになる。

言語学習適性テスト

言語学習適性テスト（language aptitude test）とは、文字通り**言語学習適性**（→ p.29）**を測るテスト**で、将来の学習の成否や、習得の度合いを予測することから、**予測テスト**（prognostic test）と呼ばれることもある。p.134図9は、架空の言語の文法規則を推測する能力、図10は、視覚情報を処理する能力を、それぞれ測るための問題である。

言語学習適性テストの結果は、**クラス分けの参考資料**となるほか、

1) 将来、学習者が直面する学習困難点（清濁音の聞き分けができない、漢字が覚えられない、未習の動詞に出合ったとき活用形が推測できないなど）を予測する
2) 効果的な学習方法や教授方法（新出語彙を覚えるのに、何度も書く、声に出して読む、単語カードを作って貼っておくなど）を選ぶ

などに利用される。

集団準拠テストと目標準拠テスト

集団準拠テスト（norm-referenced test）とは、**ある学習者の能力を学習者全体の中に位置づけて測るテスト**をいう。

これに対して、**目標準拠テスト**（criterion-referenced

test)とは、**学習者の能力を、特定の基準や目標に照らし合わせて測るテスト**をいう。

客観テストと主観テスト

客観テストと主観テストというのは、客観性（p.129）による分類である。**客観テスト**（objective test）は、**採点者の個人的な判断を用いずに採点される形式のテスト**、**主観テスト**（subjective test）は、**採点者の個人的な判断によって採点される形式のテスト**をいう。

客観テスト　　客観テストは、採点者の主観によって得点が左右されないという以外に、採点の機械的処理ができるので、短時間で大量の答案を処理できるという長所がある。しかし、質、量ともに適切な問題を作成するのが難しい。測定できる内容も断片的知識に偏り、総合的な運用能力を測ることが難しいという短所がある。

客観テストの形式には、以下のものがある。

多肢選択法　　**多肢選択法**（multiple-choice）は**問題が複数の選択肢とともに提示され、その中から一つを選択する形式**である。採点が容易である反面、まぐれ当たりを排除できないので信頼性（p.128）が低いという短所がある。選択肢を増やせば増やすほど、まぐれ当たりの確率は少なくなるが、適切な選択肢をいくつも作成することは、それほど簡単ではない。例えば、問題1では、意味は異なるものの、①②③のどれも正解であるし、数を揃えるための選択肢を無理矢理入れたのでは、表面的には四者択一だが、実質的には二者択一ということにもなりかねない。

> 問題1　①〜④から最も適当なものを一つ選びなさい。
> 　たくさん買い物を［　　　］から、タクシーに乗った。
> 　　①した　②して　③する　④しない

真偽法	**真偽法**(true-false)は**答えとして正しいかどうかを判断する形式**である。選択肢が二つ（○か×か）の多肢選択法とも考えられるが、選択肢を作らなくてよい分、多肢選択法より問題作成が容易である。しかし、まぐれ当たりの確率が50％と高いため、信頼性（→ p.128）が低くなることは否めない。
単純再生法	**単純再生法**(simple-recall)は**学習内容を思い出して解答する形式**で、漢字の読み（問題2）、動詞の活用（問題3）、反意語（問題4）などを答えるものがある。

> 問題2　＿＿＿の漢字の読み方を、[　]に書きなさい。
> 　　　　映画館の前に銀行があります。
> 　　　　[　　　]　[　　　]

> 問題3　次の表の空欄を埋めなさい。
>
> | 辞書形 | ます形 | ない形 | て形 |
> |---|---|---|---|
> | | | | はしって |
> | おきる | | | |
> | | 来ます | | |

> 問題4　a)～c)の形容詞（イ形容詞）の反意語を、それぞれ[　]に書きなさい。
> 　　　a)　大きい　　⇔　[　　　　　]
> 　　　b)　おいしい　⇔　[　　　　　]
> 　　　c)　寒い　　　⇔　[　　　　　]

組み合わせ法	**組み合わせ法**(matching)は**二つの項目群から、それぞれ適当な組み合わせになるものを選ぶ形式**である。個々の項目についてみれば、多肢選択法になるので、理屈の上では、少ない問題数で多肢選択法と同じだけの測定ができることになる。しかし、唯一絶対の組み合わせができる項目群を作るのは容易ではない。 　例えば、次の問題5-1では、破線の組み合わせがそれぞれ可能である。

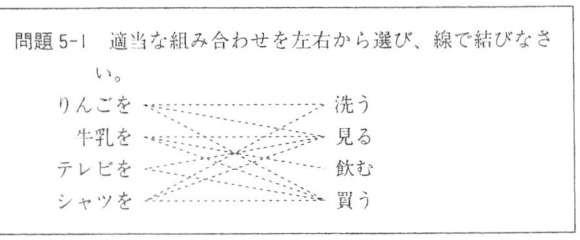

```
問題 5-1  適当な組み合わせを左右から選び、線で結びなさ
       い。
     りんごを                        洗う
      牛乳を                        見る
     テレビを                        飲む
     シャツを                        買う
```

また、上のように、左右同数の項目群を用意した場合、正しい組み合わせが三つ見つけられれば、最後の一組は自動的に決まることになるし、逆に、一組間違えると、それに伴ってあと最低一組も必ず間違えることになる。このような共倒れを防ぐためには、下のように、左右の数が異なる項目群を用意するのがよい。

```
問題 5-2
    くつを・              ・かぶる
    時計を・              ・着る
    帽子を・              ・する
    シャツを・            ・はく
                         ・かける
```

空所補充法　　空所補充法（fill-in）は問題文中の空欄を補充する形式で、日本語教育でよくみられるものに助詞挿入がある。

```
問題 6  次の文を完成しなさい。
    a)  これ [ 1 ] 兄 [ 2 ] もらった時計です。
    b)  友だち [ 3 ] 海 [ 4 ] 泳ぎ [ 5 ] 行きました。
```

問題 6 a)の [2] は、「に」でも「から」でも正しいので、どちらを書いても正解とする。

また、「は」や「も」といった副助詞は、どこに入れても適切な場合が多いので、格助詞の定着をみたいのであれば、「『は』と『も』は使わないこと」といった制限を与えることが必要である。同じように、b)の [3] は、「は」でも

「が」でも「と」でも正しい。しかし、「は／が」と「と」では、文の構造が異なるので、「と」の定着をみたいのであれば、

> c）私は、友だち［ 3］海［ 4］泳ぎ［ 5］行きました。

のように、文の意味が明確になるような語句や文脈を補った方がよい。

このほか、空所補充法には、動詞挿入（問題7 a））、前件完成（問題7 b））、後件完成（問題7 c））などがある。

> 問題7　次の文を完成しなさい。
> a）このカメラを［　　　　　］てもいいですか。
> b）［　　　　　］ので、ゆうべは寝られませんでした。
> c）映画を見ながら、［　　　　　　　］

動詞挿入や前件／後件完成では、「どこまで正解として許容するか」に採点者の判断が必要なので、客観テストというより主観テストに近い。

そこで、問題作成にあたっては、「何のためにどういう答えを要求しているのか」を明確にし、それが測れる形式や指示を与えるようにしなければならない。例えば、「物事が容易にできる」ことを表す「～やすい（読みやすい、歩きやすい）」という文型ができるかどうかをみるために、問題8を作ったとする。

> 問題8　次の文を完成しなさい。
> 　このくつは、とても［　　　　　］やすいです。

［歩き／走り］という答えが出れば、もちろん正解だが、［値段が］という答えが出ることもある。問題8の指示では、［値段が］も、正解にせざるを得ない。そこで、このような答えを避けるには、

> 問題9　動詞を使って、次の文を完成しなさい。

のような指示にするか、

> 問題10　（　　）の言葉を使って、次の文を完成しなさい。
> 　このくつは、とても [　　　　　] やすいです。
> 　　　　　　　　　　　(歩く)

のように、使う品詞や単語を指定する、などの対策が必要である。

クローズ・テスト

　空所補充法を応用したテストに、**クローズ・テスト**(cloze test) がある。クローズ・テストとは、**まとまった文章から一定の間隔で単語を削除し、その空欄を再生する形式のテスト**で、総合的な言語能力が測定できるとされている。英語のテストでは、削除する間隔は単語を単位とするが、日本語では1語の認定が難しいため、削除する間隔は、問題11のように文字を単位とすることが多い。それでも、漢字1文字か、平仮名1文字かなど、解答に表記が関係してくる場合があり、問題文作成には注意が必要である。

> 問題11
> 　不幸なことに、ほとんどの人は、自分は大量○産で作られ○*1洗濯機のよ○にどれで○同じ、という○とは違って、「○けがえのな○」人間だと考○ている。だか○、最も人間の○底に触れる○ずの愛の中○、自分が簡単○代替のきく○*2品のように○われたら… (後略)

> 　不幸なことに、ほとんどの人は、自分は大量生産で作られた洗濯機のようにどれでも同じ、というのとは違って、「かけがえのない」人間だと考えている。だから、最も人間の根底に触れるはずの愛の中で、自分が簡単に代替のきく商品のように扱われたら… (後略)
> 　　　　土屋賢二「われ笑う、ゆえにわれあり」(文藝春秋) より

クローズ・テストの採点方法には、**原文とまったく同じ語が再生できた場合のみを正解とする方法**（EWM＝Exact Word Method）と**意味が通ればほかの語でも正解とする方法**（AWM＝Acceptable Word Method）の二つがある。

○*1のように「る」でも「た」でも可能なときに、原文と同じ「た」が再生できるかどうかは、学習者の読解能力というより、単なる偶然とも考えられる。「る」か「た」か迷った学習者が、たまたま「る」を選んだ場合、EWMでは不正解になる。このように、EWMには、得点に偶然性が影響するという問題点がある。

これに対して、問題11の○*2に「物／商／部／一／用」という答えがみられた場合、EWMでは原文と同じ「商」だけを正解にすればよいが、AWMではどこまで正解にするか判断に迷う。このように、AWMには、原文と異なる解答について、正解とするかどうかを、いちいち判断しなければならないという問題点があり、採点の簡便さという点においては、AWMよりEWMのほうが優れているといえる。

|主観テスト|

主観テストには、「得点が主観に左右される」「採点に時間と手間がかかる」というマイナス面があるが、言語能力、特に運用能力には、客観テストでは測れない部分が多くあるのも、また事実である。文法の多肢選択問題なら良い点が取れるのに、実際の会話となると適切な語彙や文型を選んで文を作っていくことができない、というのは珍しいことではない。

ここでは、主な主観テストとして、インタビュー・テストと文章産出テストを取り上げる。

|インタビュー・テスト|

インタビュー・テスト（面接テスト）は、**口頭での運用能力を測るテスト**で、音声、文法、語彙などの正確さだけでなく、状況における適切さ、聞き取り能力、話の切り出し方、談話構成力などについても測ることができる。

評価基準

評価基準は、テストの目的によって異なるが、いずれにせよ、採点の客観性を高める努力が必要である。p.131で述べたOPIでは、テスター養成用のマニュアルとワークショップを世界各地で開催し、テスター資格の認定に一定の基準を設けることによって、採点の客観性を維持している。

到達度テストとしてのインタビュー・テスト

教育機関の**到達度テスト**として、インタビュー・テストを行うのであれば、口頭運用能力のシラバスとして、何を取り上げてきたかを明確にし、その項目のみを評価の対象としなければならない。

例えば、「あのー」「そうですねえ…」といった、フィラー（filler＝埋め草表現）を教えていないのに、それらを正しく使えていないからマイナス点をつける、逆に使えているからプラス点をつける、というのは適当でない。また、「授業の中でまったくロール・プレイを行っていなかったのにインタビュー・テストに取り入れる」というのも、ロール・プレイに慣れているかどうかがパフォーマンスに影響する可能性があるので、出題形式としては不適切である。

評価表

下に挙げたものは、ある日本語教育機関のインタビュー・テスト（到達度テスト）で用いられている評価表である。

```
クラス：    学生氏名：              採点者：

       +2 +1  0  -1 -2              +2 +1  0  -1 -2
発音   └──┴──┴──┴──┘       相づち   └──┴──┴──┴──┘
助詞   └──┴──┴──┴──┘       談話構成 └──┴──┴──┴──┘
文末   └──┴──┴──┴──┘
語彙   └──┴──┴──┴──┘       聞き取り └──┴──┴──┴──┘

コメント：
┌─────────────────────┐
│                     │
│                     │
└─────────────────────┘
```

リラックスした状況を作る	インタビュー・テストでは、学習者がリラックスし、本来の力を十分に出せるような雰囲気作りが大切である。テストと知りつつ教師と話すというのは、それだけで緊張を強いるものであるから、「インタビューの最中に眼前で採点表に記入する」「複数の教師で一人の学習者を取り囲む」といった状況は、避けなければならない。インタビューの様子を、後々の採点やフィード・バックのために録音、録画するのであれば、学習者にあらかじめその旨を説明し、用途についても承諾を得ておくことが必要である。
文章産出テスト	**文章産出テスト**は、**文章における運用能力を測るテスト**で、インタビュー・テストと同様に、個々の言語要素だけでなく、談話構成力、論理の一貫性、状況における適切性などについても測ることができる。

「テーマやタイトルを指定して、それについて書く」「新聞記事、ニュース番組などの内容について意見文をまとめる」など、書かせるきっかけはいろいろあるが、一番問題となるのが、添削、採点の方法である。文法や表記の誤りは、だれの目にも明らかだし(「留学生」を「りょがくせい」と書いた場合など、表記の誤りか語彙の誤りかの判定に困るケースは多々ある)、直された方も納得するが、内容について評価の基準を明示することは難しい。

最も大切なことは、「そのテストでどのような文章を書くことが求められていて、何が評価されるかを教師と学生の双方が了解していること」である。特に、到達度テストとして行う場合は、それまでの授業で教えられたシラバスに基づいた評価がなされるべきである。エッセーの書き方や修辞的な技法を教えていないのに、国語授業の作文のように「私の友だち」「好きなこと」といった自由エッセーを書かせて、その内容を評価するという方法は、指導、評価の観点が言語項目だけに偏ったり、教師個人の修辞的な好みに左右されたりする可能性があるので、適切ではない。

テスト結果の処理

テストを実施し、採点が終了したら、その結果を何らかの形で処理する作業が必要である。

10点満点の漢字テストを作り、8名ずつ2クラスの学習者に実施し、次のような結果が得られたとする。

Aクラス

学生No.	A1	A2	A3	A4	A5	A6	A7	A8
得点	4	1	9	10	10	3	2	1

Bクラス

学生No.	B1	B2	B3	B4	B5	B6	B7	B8
得点	6	7	5	1	5	7	5	4

素点

採点で得られた得点そのものを、**素点**（raw score）という。各クラスの素点をみると、Aクラスには満点が二人いるがBクラスにはいない、また、両クラスとも最低点は1点である、ということが分かる。では、Aクラスの方がよくできるかというと、平均値（average score）はどちらも5.00点であり、差はみられない。

$$Aクラスの平均値 = \frac{4+1+9+10+10+3+2+1}{8} = 5.00$$

$$Bクラスの平均値 = \frac{6+7+5+1+5+7+5+4}{8} = 5.00$$

標準偏差

しかし、もう一度両クラスの素点を眺めてみると、Aクラスにはできる学生とできない学生が混在していて、Bクラスの学生の方がレベルが揃っているように思える。このような、得点間のばらつきを表す数値の一つが、**標準偏差**（standard deviation、SD）である。標準偏差の値が、大きければ大きいほど「その集団の中のばらつきが大きい」ことを示している。

標準偏差は、次の式で求める。

Aクラスの標準偏差
$$= \sqrt{\frac{(4-5)^2+(1-5)^2+(9-5)^2+(10-5)^2+(10-5)^2+(3-5)^2+(2-5)^2+(1-5)^2}{8}} = 3.74$$

Bクラスの標準偏差
$$= \sqrt{\frac{(6-5)^2+(7-5)^2+(5-5)^2+(1-5)^2+(5-5)^2+(7-5)^2+(5-5)^2+(4-5)^2}{8}} = 1.80$$

　Aクラスの標準偏差は3.74、Bクラスの標準偏差は1.80なので、標準偏差を算出することによって、「Aクラスの方が学生の得点にばらつきがある」という直感が、統計的に裏付けられた。

偏差値

　p.144では、二つのクラスに同じテストを実施した場合を考えた。テストが同じであれば、クラスが違っていても、「A6（3点）よりB8（4点）はよくできる」といったように、素点によって学力を比べることができる。しかし、異なるテストを実施した場合は、素点によって学力を比べることはできない。そこで用いられるのが、**偏差値**である。**偏差値はその学生の得点が、全体の中でどの位置にあるのかを表す相対的な尺度**である。偏差値（z得点あるいはそれを修正したZ得点）は、

$$z 得点 = \frac{ある学生の得点 - 平均点}{標準偏差}$$

$$Z 得点 = \frac{10（ある学生の得点 - 平均点）}{標準偏差} + 50$$

という式で求める。16名の偏差値（Z得点）は、それぞれ以下のようになる（小数点以下第2位で四捨五入）。

Aクラス

学生No.	A1	A2	A3	A4	A5	A6	A7	A8
Z得点	47.5	40.0	60.0	62.5	62.5	45.0	42.5	40.0

Bクラス

学生No.	B1	B2	B3	B4	B5	B6	B7	B8
Z得点	55.2	60.4	50.0	29.2	50.0	60.4	50.0	44.8

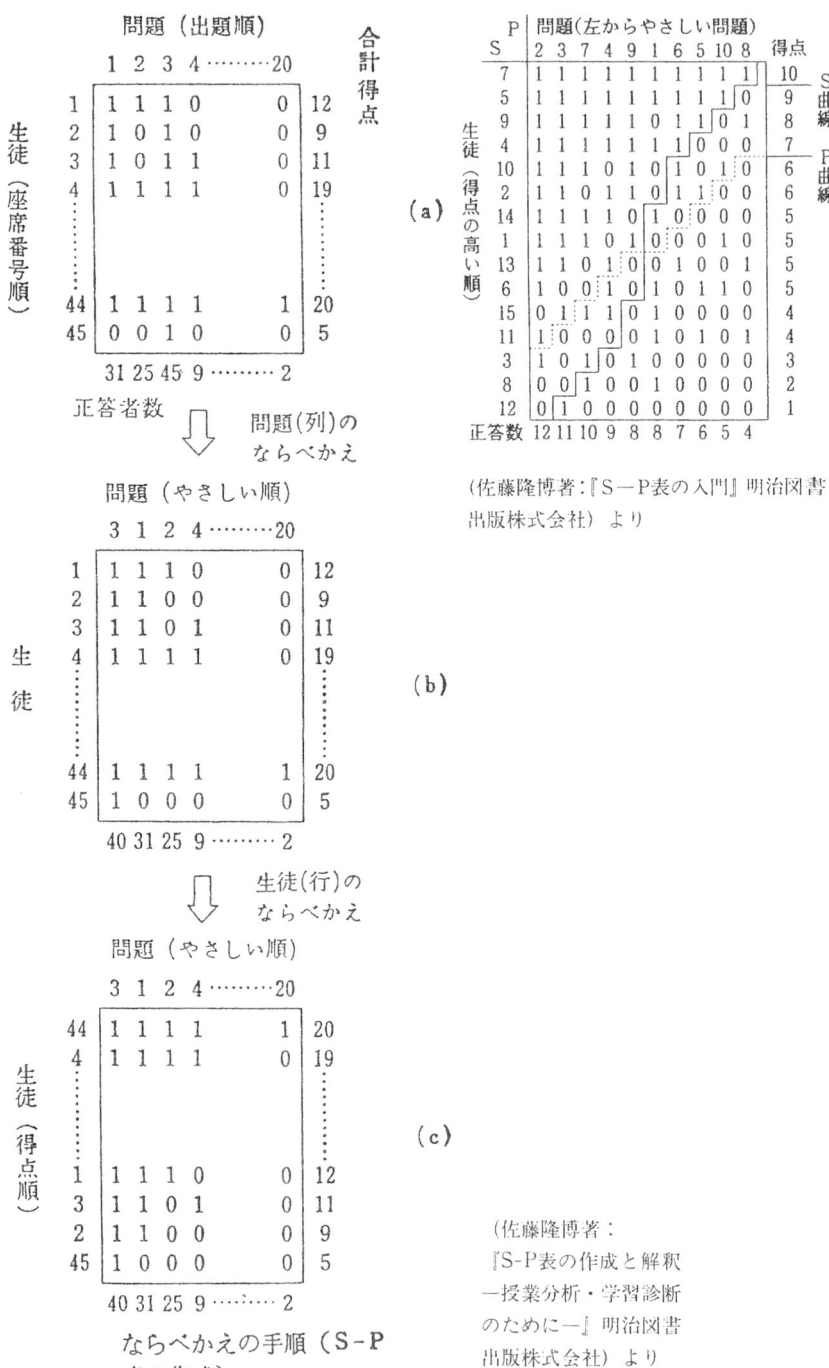

ならべかえの手順（S-P表の作成）

(佐藤隆博著：『S-P表の作成と解釈 —授業分析・学習診断のために—』明治図書出版株式会社）より

偏差値を使えば、異なるテストを実施した場合であっても、成績の比較ができるようになる。

S-P表

S-P表（Student-Problem Table）は、**学習者（=student）を縦軸に、問題項目（=problem）を横軸においた、正答と誤答の一覧表（=table）**である。

S-P表のS曲線とP曲線を検討することにより、学習者の到達度に関する質的側面と量的側面についての情報が得られるだけでなく、各問題項目とテスト全体についても評価することができるので、特に形成的評価として行われたテストの結果分析には、S-P表を用いるのが有効とされている。また、学習者の到達度だけでなく、問題項目が適切かどうかを検討することもできる。

まとめ

入門編では、テストの種類や目的を知り、効果的な実施方法について考えてきた。学習者のニーズにあった、よりよいコース作りには、学習者の能力の段階（どのレベルか）と質（何が得意か苦手か）を、正確に把握し適切な目標を設定することが必須である。そのためには一人一人の教師が、テストについて正しい知識を持ち、作成、実施できる技術を身につけることが大切である。

基本問題

問題1 次の文章を読み、以下の問1〜3に答えよ。

　テストを作成するときは、「何のためにどういう知識、能力が測りたいのか」を明確にし、それにふさわしい形態や内容を選ぶことが大切である。例えば、大量の受験者から入学者を決める入学試験では、[　（1）　]テストが望ましいし、また、大量の答案を処理するには、[　（2）　]といった客観テストの形式を用いるのがよいだろう。しかし、コース途中で行う到達度テストでは、学習者を選別することよりも、[　（3）　]ことが大切なので、[　（4）　]といった主観テストを適宜、取り入れた方がよい。

問1　文章中の空欄（2）、（4）にあてはまるテストはどれか。次のa〜fからそれぞれ一つずつ選べ。

　　a　ロール・プレイや多肢選択法　　b　真偽法や多肢選択法
　　c　真偽法や診断テスト　　　　　　d　作文テストや単純再生法
　　e　作文テストやロール・プレイ　　f　ロール・プレイや単純再生法

問2　文章中の空欄（1）、（3）に入れるのに最も適当なものはどれか。a〜dからそれぞれ一つずつ選べ。

（1）　a　受験生の得点にばらつきがでる
　　　b　受験生の得点に差がみられない
　　　c　満点を取る受験生がでない
　　　d　平均点ができるだけ高くなる

（3）　a　平均点ができるだけ高くなる
　　　b　受験生の得点に差がみられない
　　　c　学習の進ちょく状況を正確にとらえる
　　　d　学習者が達成感を得られる

解答　問題1　問1　（2）b　（4）e
　　　　　　　　問2　（1）a　（3）c

解説　問題1　問1　各テストの内容については、p.130〜p.143を参照のこと。
　　問2　入学試験のように、その結果によって受験生をふるい分ける試験を「選別試験」といい、ふるい分けを前提としない試験を「非選別試験」という。さらに、「選別試験」には、合格人数が決まっているもの（例：大

学の入学試験)と、ある一定の基準を満たせば、全員が合格することもあり得るもの(例:日本語能力試験)がある。「選別試験」では、結果にばらつきがでることが期待されるが、「非選別試験」は、必ずしもそうではない。

―――――――――――――― 応用問題 ――――――――――――――

[問題1] 下の(1)〜(3)は、ある日本語教育機関で実施されたテストとその改訂案である。どのような点を問題とした改訂と考えられるか。最も適当なものを下のa〜dのうちからそれぞれ一つずつ選べ。

(1) テスト:動詞の活用形のテストで、二つの選択肢から正しい形を選ばせる。
  改訂案:選択肢を四つに増やす。
(2) テスト:プレースメント・テストとして、文法、漢字、読解の3種類の筆記テストと面接テストを実施する。
  改訂案:3種類の筆記テストの代わりに、クローズ・テストを実施する。
(3) テスト:「日本での経験」というテーマで1,000字程度のエッセーを書かせ、授業担当者が1人で採点する。
  改訂案:採点基準を決め、その基準に従って3人の採点者が採点する。

　　　　　a 妥当性　　　b 信頼性　　　c 使い勝手　　　d 客観性

解答　問題1 (1) b　(2) c　(3) d

解説　問題1 (1) 選択肢を増やすことによって、まぐれ当たりの確率が少なくなる。
(2) 3種類のテストを作成、実施する時間と労力を勘案して、総合的な言語能力が測定できるクローズ・テストに代えたのは、経済性の改善と考えられる。
(3) 採点基準を設定し、複数の採点者が採点することは、採点から、主観的、恣意的な要素を排除する助けとなる。

エキスパート編

評価活動の全体像

エキスパート編では、日本語教育における評価を**コース全体や個々の要素（教材・時間割・教師の教え方・学生の到達状況など）について、教師・学生・教育機関などが、実態を把握し判断を下す作業全般**というように最も広くとらえ、その多様性を概観したい。

日本語教育における評価を、主体（だれが）と対象（だれを）という観点からみると、次のように整理できる。

だれが(主体) \ だれを(対象)	学習者	教師	教育機関
学習者	a	e	i
教師	b	f	j
教育機関	c	g	k
第三者	d	h	l

学習者に対する評価

学習者の評価
a

自己評価

学習者が自分自身を評価する**自己評価**と、他の学習者を評価する**他者評価**がある。

自己評価の例として、聴解の授業における単音の聞き取り練習について考えてみよう。教師が練習シートを回収、採点し、添削したシートを返却するというフィードバックの方法もあるが、学習者が正解を見ながら自分で採点すれば、添削されたシートをただ受け取るよりも、自分の弱点（促音が聞き取れない、母音の長短が苦手）を意識化するのに役立つ。

また、「今週、自分が学んだこと、困難を感じていること」といった日本語学習上の記録を、自分で残すという方法もある。

慣れないうちは、「漢字が難しい。新しい語彙が覚えられ

他者評価	ない」といった事実の記述にとどまるが、「どうして難しいのか、どうして覚えられないのか」と、自ら問いかけられるようになれば、学習方法の問題点に気づくかもしれない。 　一方、他者評価の例としては、作文授業で一人が書いた作文を皆でコメントする、あるいは、二人一組になり互いの作文を批評し合う、といった活動が考えられる。感情的な対立や一方的な批判に終わらないように、筆者の名前を隠す、評価のポイントを絞るなど、いくつかの教育的配慮が必要だが、「教師⇄学習者」の閉鎖的な空間から開放された評価活動は、学習者にも教師にも双方にとって良い結果をもたらすはずである。
教師の評価 b	教師が学習者に対して行う評価のうち、**測定のための時間を設定して行う評価活動**が、いわゆる**テスト**である。「時間を設定しないで行う評価活動」というのは、「授業中に学生の発話の文法的な誤りを訂正する」「作文の宿題を添削して返却する」のように、教育活動を通じて、教師が日常的に行っているものである。
教育機関の評価　c	次に授業担当者ではなく、大学や日本語学校などの教育機関が行う評価活動である。機関全体で行う入学試験や卒業試験、あるいは奨学金の受給者を選ぶための面接、書類選考などがこれに当たる。
第三者の評価 d	また、学習者が在籍している機関ではなく、第三者（他機関、他団体）が行う評価活動では、日本語能力試験（→ p. 130）やOPI（→ p. 131）、学外団体が主催するスピーチ・コンテストなどがその一例である。

教師に対する評価

学習者の評価 e	「教師が評価される」という状況は、私たちが経験してきた学校生活ではあまりなじみがない。 　陰でこっそり、「あの先生は、教え方がどうもね……」とか「この授業は分かりやすいから好きだ」とか言い合った経験はあっても、教師に成績表を渡した経験を持つ人など、ほとんどいないだろう。

成績表という形ではないが、コース終了時などに、学習者が教師の教え方、知識、授業準備や教室活動について、コメントを寄せたり、5段階で評点をつけたりということは、日本語教育においては、それほど珍しいものではない。

　コースの中に「(学習者による) コース評価 (course evaluation)」を組み込み、学習者からのフィードバックを得ることは、自分の教え方やコースの内容を改善する上で、貴重な資料となる。もちろん、教師も学習者も人間であるから、相性の良し悪しが結果に表れたり、思ったように学習成果が上がらなかった不満が、教師への (見当違いの) 非難となることもある。

　しかし、そのようなリスクを越えてもなお、学習者からのフィードバックを得ることには意味がある。たとえ、それが見当違いの感情的な非難であったとしても、教師がその事実を知らないままでいたら、新たに迎えた学習者に、また同じ感情を抱かせるかもしれないからである。

　学習者に評価を依頼する場合は、どんなコメントを寄せても、それによって学習者が不利益を被らないことを伝え、それが保証される方法で実施しなければならない。例えば、アンケート用紙は無記名でよいとする、筆跡がわからないようにワープロで答えを作っても構わない、卒業試験の成績が出てから実施する、教師ではなく事務職員が回収する、などである。

自己評価　　学習者の場合と同じく、教師が教師を評価する場合も、自己評価と他者評価がある。

　「今日の授業はうまくいった」「時間配分に失敗してしまった」など、授業の出来を自ら振り返るのは、日常的に行う自己評価活動である。

他者評価　　他者評価としては、教師が互いの授業見学、作成した教材の交換などを行って、コメントし合うなどが考えられる。同じ教育機関に所属し、多くの条件を共有する教師の間で行う他者評価は、外部の者では気づかない多くの示唆を含んでいる。

教育機関の評価　g	教育機関が教師に対して行う評価活動の第一歩は、ある人材を教師として採用するか否かである。 　教師の採用基準は、「日本語教育能力検定試験合格」「教育経験ｘｘ年以上」「修士号取得」など、機関によってまちまちだが、こういったいわば履歴書的な条件だけでなく、「その機関が求める教育活動に対応できるか」という面も無視できない。 　忙しい仕事の合間をぬってプライベート・レッスンに通ってくるビジネスピープルに対して、多大な予習復習を前提とする教え方しかできないのでは困る。また、リラックスした状況で日本語について何でも質問したりおしゃべりしたりすることが目的のボランティア教室で、自分一人綿密な教案通りのクラス授業を強行するのは、問題である。
第三者の評価　h	所属している機関ではなく、第三者(他機関、他団体)が教師を評価するもので、最も広く知られているのが、日本語教育能力検定試験である。(検定試験についての詳細は、p.8を参照のこと)

教育機関に対する評価

学習者の評価　i	教師に対する評価と同じように、コース終了時などに、学習者がコースや教育機関を評価する場合がある。評価の対象は、コースの期間、授業時間、教室環境、事務窓口の対応などで、その教育機関が提供しているサービスの内容によって異なる。
教師の評価　j	コースにかかわっていた教師自身が、コースあるいは所属する教育機関を評価するもので、コース途中や終了時のミーティング、年度末にまとめる活動報告書などがこれにあたる。
教育機関の評価　k	上記重なる部分が多いが、あえて違いを言うなら、授業担当者が主体となってまとめた報告書が上の例で、授業担当以外の教師、あるいは経営者がまとめた報告書の場合は、このカテゴリーに属すると考えられる。
第三者の評価　l	現在、日本語学校を設立、開校しようとするときは、日本語教育振興協会(1989年に発足)の認可を受けなければな

ない。これは、第三者(他機関、他団体)がコース／教育機関に対して行う評価の例といえる。

まとめ

　エキスパート編では、日本語教育における評価を、最も広い意味でとらえ、その全体像を概観した。このように考えると、「テスト」というものが、評価活動全体の中では極めて限定された特殊なケースであることがよく分かる。もちろん、学習者の日本語能力を正確に測定することは大切であり、そのために最も適当な手段の一つが「テスト」であることは否めない。

　しかし、その一方で、「テスト」を適切に実施するためには、常に評価活動全体を視野に入れ、その中での位置づけ、意義を考えていくことが、また大切なのである。

外国語教授法と日本語教育

ねらい

I. 外国語教授法を、日本語教育とのかかわりから史的変遷に沿って概観し、その背景や特徴を考える。
II. さまざまな外国語教授法について、「そこから何を学ぶか」を考える。

歴史から学ぶ

　外国語教授法は、時代時代の社会的要請、新しい言語理論や言語学習理論の台頭などを背景に、さまざまな変化を遂げてきた。どの教授法にも、それが生まれた必然性があり、一定の教育効果が認められる。単なる歴史的知識としてではなく、社会的背景や裏付けとなる理論とともに外国語教授法を理解することは、「目の前の学習者にどう教えるのがよいか」を考える上で、多くの示唆を与えてくれるはずである。
　外国語教授法には、
　　1）特定の言語観や言語学習観に基づく教授法理論（approach）
　　2）ある教授法理論に基づく指導法（method）
　　3）具体的な教室活動の手順や技術（technique）
の三つの側面を認めることができる。本章では、このうち1）と2）に注目し、史的変遷に沿って眺める。

入門編

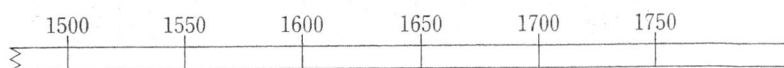

グラマー・スクール設立　**文法翻訳法**

外国語教授法の歴史

　この年表は、本章で取り上げる外国語教授法の範囲を示したものである。それぞれの教授法について、主な提唱者と、その教授法の内容や理念を最もよく反映している著書（斜体）、論文（.．）を挙げた。新しい教授法とは、ある日一斉に使われ始めるものではなく、新しい言語理論や教育理念と共に、徐々に発展し、成熟するものである。従って、「著書の年号＝教授法が始まった年」ではないことに、注意していただきたい。

　この年表から、文法翻訳法の時代がいかに長かったかがよくわかる。また、ナチュラル・アプローチを皮切りに、その後、提唱された教授法のほとんどが、今世紀の半ば以降の極めて短い間に出現したものであることも見て取れる。

```
                          1800      1850      1900      1950
```

直接法	1831 ────── 1896　グアン　　　　　　　　**ナチュラル・メソッド** 　　　　1880　*The Art of Teaching and Studying Languages* 1852 ────── 1921　ベルリッツ 　　　1878 米国ロードアイランド州にベルリッツ・スクール創設 1845 ────── 1912　スウィート　　　　　　**フォネティック・メソッド** 　　　　1899　*Practical Study of Languages* 1850 ────── 1918　ヴィエトー 　　　1882　*Der Sprachunterricht muss umkehren!* 1860 ────── 1943　イエスペルセン 　　　　1904　*How to Teach a Foreign Language* 1877 ────── 1949　パーマー　　　　　　　**オーラル・メソッド** 　　　　1921　*The Oral Method of Teaching Languages* 　　　　1938 文部省英語教授顧問として来日

ASTP	1887 ────── 1949　ブルームフィールド 　　　　1942　*Outline Guide* 　　　　1943　-ASTP実施-
オーディオ リンガル・メソッド	1887 ────── 1967　フリーズ 　　　　1945　*Teaching and Learning English as a Foreign Language*
サイレント・ウェイ	1911 ────── 1988　ガテーニョ 　　　　1963　*Teaching Foreign Language in Schools : The Silent Way*
CLL/CL	1913 ────── 1978　カラン 　　　　1972　*Counseling-Learning : A Whole-Person Model for Education*
TPR	19?? ──────　アッシャー 　　　　1965　'The strategy of the Total Physical Response: 　　　　　　　An application to learning Russian'
サジェストペディア	1926 ──────　ロザノフ 　　　　1978　*Suggestology and Outlines of Suggestopedy*
ナチュラル・ アプローチ	19?? ──────　テレル 　　　　1983　*The Natural Approach :* 　　　　　　　*Language Aquisition in Classroom* 1941 ──────　クラッシェン
コミュニカティブ・ アプローチ	19?? ──────　ハイムズ 　　　　1972　'on communicative competence' 19?? ──────　ウィルキンズ 　　　　1976　*Notional Syllabus*

16世紀から18世紀初頭の外国語教育

知識階級の条件

17世紀から18世紀のヨーロッパでは、外国語教育としてのラテン語教育やギリシャ語教育が行われていた。当時はまだ、宗教家や学者ら一部のエリートの間では、コミュニケーションの共通言語としてラテン語が使われていた。ラテン語の文献を読みこなし、ラテン語で語られる聖職者の演説を理解できることが、知識階級の一員であるための条件だったのである。

16世紀に設立されたグラマー・スクール(grammar school)では、ラテン語授業の中で、文学作品や聖書の翻訳による理解、修辞学を踏まえた文章作成、朗読、暗唱などが行われていた。同時に、文学作品の一節を的確に織り込んだ説得的な弁論術を身につけるための訓練も行われた。

文法翻訳法

18世紀半ばになり、ヨーロッパの共通語が、ラテン語から英語、ドイツ語などへ変化したことにより、コミュニケーションにラテン語が使われる機会が減るようになった。それに伴い、ラテン語教育では、文章作成や弁論術の訓練といった実用的側面より、むしろ、文学作品の理解や鑑賞といった知識、教養的側面が重視されるようになった。

18世紀後半になり、外国語教育のカリキュラムの中に、ラテン語だけでなく、ドイツ語、英語、フランス語が取り入れられるようになった。しかし、17世紀のラテン語教育にその端を発する文法翻訳中心の教え方は、依然として外国語教授法の主流を占めていた。それが、**文法翻訳法**(Grammar Translation Method)と呼ばれる教授法である。

文法説明と翻訳練習

典型的な文法翻訳法の授業では、文法規則の説明、対訳による単語の理解、翻訳練習などが行われた。外国語を学習する目的は、目標言語で書かれた文学作品が読めるようになることであり、そのためには、文法規則、動詞の活用、単語の意味を暗記し、母語と目標言語との間で自由に翻訳ができるようになることが重要だと考えられていた。

| 知的訓練 | それとともに、外国語を理解することは、母語に対する理解を深め、知的成長にも寄与すると考えられていた。つまり、外国語教育は、**知的訓練**の一つとしても位置づけられていたのである。|

| 言語観・
言語学習観 | 文法翻訳法で前提とされているのは、
1) 文学作品などの文字言語は音声言語よりも優れている
2) 目標言語のすべての単語には、1対1で対応する母語の訳語がある
という**言語観**であり、
1) 翻訳ができるようになることが外国語学習の成功を表す
2) 外国語学習は知的訓練に役立つ
という**言語学習観**である。|

文法翻訳法に代わる教授法

| 産業革命とコミュニケーションの拡大 | 1760年代に始まる産業革命の影響で鉄道網が整備されるなど、交通機関が発達するにつれ、19世紀のヨーロッパ諸国では、人々の往来が盛んになった。そのため外国語でコミュニケーションをする機会が増え、文学鑑賞や知的訓練以外の実用的な成果が外国語教育に求められるようになった。
このような社会状況の中、19世紀後半になって、文法翻訳法に代わる教授法として提唱されたのが、ナチュラル・メソッドとフォネティック・メソッドである。|

ナチュラル・メソッド

ナチュラル・メソッド（natural method、**自然主義教授法**）とは、外国語習得の最良のモデルを、幼児の母語習得にみるものである。代表的なものに、フランス人である**グアン**（Gouin, F. 1831-1896）が提唱したグアン式教授法（Gouin Method）、ドイツ人である**ベルリッツ**（Berlitz, M. 1852-1921）が提唱したベルリッツ・メソッド（Berlitz Method）などがある。

グアン式教授法

グアンは、幼児が母語を習得していく過程を詳しく観察し、そこで得た結論を外国語教育に応用した。

まず、すべての出来事は、**小さい出来事の連鎖**（series）として記述できるとし、動詞を重視し、一連の動作を順を追って言い表すことが最も記憶に残りやすいと考えた。彼の作成したテキストには、「ドアを開ける」、「とうもろこしの実を挽いて粉にする」といった、ひとまとまりの行為が記述されている。例えば、「ドアを開ける」動作は、次のような連鎖になっている。

> I walk toward the door.
> I draw near the door.
> I get to the door.
> I stop at the door.
> I stretch out my arm.
> I take hold of the door knob.
> I turn the knob.
> The knob clicks.
> I pull the door.
> I open the door.

そして、「翻訳によって母語を習得した幼児はない」として、幼児が母語を覚えるのと同じように、

聞いて理解する→話す→読む→書く

の順で、努めて自然な状況で目標言語と接触させるようにした。

グアン式教授法は、ナチュラル・メソッドの中でも、特に幼児の心理的発達に注目することから**サイコロジカル・メソッド**（Psychological Method、**心理学的教授法**）、また、物事を連続体としてとらえることから**シリーズ・メソッド**（Series Method）とも呼ばれる。

ベルリッツ・メソッド

ベルリッツは、少年時代にドイツからアメリカに渡り、26歳のとき、ロードアイランド州の州都プロヴィンスに、ドイ

ツ語とフランス語の学校を設立した。これが現在、日本の各地にもある外国語学校「ベルリッツ」の始まりである。

　グアンと同じくベルリッツも、外国語習得に母語習得の過程を再現しようとしたが、両者が異なるのは、ベルリッツが母語を教室活動から徹底的に排除した点である。教室の中で、母語による文法説明は行われず、教師は絵や身振りを駆使して、文や語の意味を理解させようとした。また、発音も、教師のモデルを真似させるだけで、発音のしかたの説明や矯正などの指導は行われなかった。

　このため、教師には、指導技術を訓練された目標言語の母語話者が採用されることが多かった。

フォネティック・メソッド

　文法翻訳法に代わるもう一つの立場である**フォネティック・メソッド**（phonetic method、**音声学的教授法**）とは、**言語とは、音声言語が一義的なものであり、文字言語は二次的なもの ── いわば付随的なもの ── である**という音声重視の教授法をいう。フォネティック・メソッドが提唱された背景には、19世紀半ばに盛んであった音声学研究の影響がある。

　音声学者である**ヴィエトー**（Viëtor, W. 1850-1918）は、『言語教育の転換（原題は「Der sprachunterricht muss umkehren! ── 言語教育は一新しなければならない」）』という著書において文法翻訳法への批判を展開し、音声教育と口頭練習の重要性を指摘した。ヴィエトーの主張を支持し、その後発展させたのが、**スウィート**（Sweet, H. 1845-1912）、**イェスペルセン**（Jespersen, O. 1860-1943）らの言語学者である。

　フォネティック・メソッドは、音声重視という点では、前出のナチュラル・メソッドに共通するが、グアン式教授法やベルリッツ・メソッドが、発音練習を教師の模倣にまかせていたのに対して、音声記号を用いた系統的な音声指導を目指した点が特徴として挙げられる。

オーラル・メソッド

　20世紀に入り、**パーマー**（Palmer, H. E. 1877-1949）が提唱したのが、**オーラル・メソッド**（Oral Method）である。パーマーは、言語の持つ**体系**と**運用**の二つの側面のうち、言語教育が対象とすべきものは**運用**であるとした。さらに、運用に使われる技能を、第一次技能（話す、聞く）と第二次技能（読む、書く）とに分類し、第一次技能の習得が重要だとした。言語を体系と運用の二つの面からとらえるという考え方には、言語学者ソシュール（Saussure, F. 1857-1913）の影響が認められる。

　また、外国語習得に幼児の母語習得を再現するために、①耳による観察、②口まね（①の模倣）、③口ならし、④意味づけ、⑤類推による作文、という五つの習性（The five speech-learning habits）を見い出した。そして、この習性を養成する練習として、①音を聞き分ける練習、②発音練習、③反復練習、④再生練習、⑤置換練習、⑥命令練習、⑦定型会話、という七つの方法を提唱した。

　ロンドン大学で、外国語教育に携わっていたパーマーは、1922年に日本の文部省の招きで、英語教授顧問として来日した。1936年に帰国するまでの間には、オーラル・メソッドによる英語教育の普及だけでなく、日本語教師である長沼直兄（1894-1973）と親交を深め、日本語教育にも大きな影響を与えた。

直接法

ナチュラル・メソッド、フォネティック・メソッド、オーラル・メソッドなど、文法翻訳法に代わって生まれた教授法を総称して、**直接法**（direct method）ということがある。直接法という名称は、これらの教授法が、翻訳するのではなく、使われる場面や状況を提示することによって、文や語の意味を、**直接**目標言語の形式と結びつけて理解させようという点に由来する。

媒介語の使用と直接法

現在の日本語教育の現場で、「直接法で教える」と言った場合、それは「媒介語を使わずに教える」という程度の意味であることが多い。しかし、教授法史にみられる直接法とは、**翻訳を介さない理解を最終目標とする教授法の総称**であり、媒介語を使わずに「直接」目標言語で教えるという意味ではない。事実、これらの教授法が、すべて媒介語の使用を排除していたわけではなく、ベルリッツ・メソッドでは、媒介語の使用が厳しく禁止されていたものの、むしろグアン式教授法やフォネティック・メソッドでは、具体的な教室活動では、媒介語（多くは学習者の母語）による説明や指示が前提とされている。

構造言語学に理論的基盤をおく教授法

これまでの外国語教授法は、主にヨーロッパを中心に提唱、発展してきたものであったが、20世紀半ばになり、米国で、構造言語学に理論的基盤をおく教授法が開発された。

構造言語学

構造言語学(structural linguistics)では、言語の体系を、

音素→形態素→語→句→節→文

というように線状に連なる組織的構造ととらえ、ある構造をほかの構造と区別する要因を、2項対立という概念によって区別し、記述する。例えば、日本語では、「赤(aka)」と「秋(aki)」は、異なる語(構造)である。そこで、/a/と/i/に注目し、音素としての対立を認めるのである。

ASTP

米国では、第二次世界大戦中に、駐留地での情報収集や通訳活動を行う外国語要員を、短期間で養成しなければならなくなった。そこで、アメリカ・インディアン言語のフィールドワーク調査を行っていた言語学者ブルームフィールド(Bloomfield, L. 1887-1949)が理論的基盤を提供し、陸軍で実施されたのが、**ASTP**(Army Specialized Training Program、**陸軍特別訓練プログラム**)、別名**アーミー・メソッド**(Army Method)と呼ばれる教授法である。

ASTPの特徴

ASTPは、①短期間(90日程度)の集中授業、②少人数(10名程度)クラス、③文学作品の講読ではなく実用的な構文の口頭練習、④教師の分業、⑤徹底した口頭練習、などを特徴としている。

上級教師と ドリル・マスター

ASTPでは、**上級教師**(senior instructor)と**ドリル・マスター**(drill master)の2種類の教師をおいた。

上級教師は、アメリカ人の言語学者で、目標言語の音声や文法構造などについて、英語で講義を行った。ドリル・マスターは、目標言語の母語話者があたり、上級教師が講義した言語項目について、徹底的な口頭練習を行った。

ミムメム練習
この口頭練習は、模倣 (mimicry) と記憶 (memorization) が主であるため、**ミム・メム練習** (mim-mem-method) と呼ばれる。ドリル・マスターの重要な役割は、自然な音声モデルを提供することなので、学習者が間違えても、正しいモデルを繰り返すだけで、文法的な説明を与えることはしなかった。毎日の授業は、

上級教師による文法講義
↓
ドリル・マスターによる口頭練習

という流れで行われた。

ASTPの成功
ASTPによる外国語コースが実施されたのは、1943年4月から12月にかけてのわずか9カ月だったが、日本語以外にも、27カ国語の集中コースが組まれ、学習者の人数は延べ1万5,000人にのぼった。教育効果も顕著であり、日本語のコースでいえば、ドナルド・キーン、サイデンステッカーといった、著名な日本研究者を輩出した。

オーディオリンガル・メソッド

第二次世界大戦後、ASTPを受け継いだ形で、ミシガン大学の**フリーズ** (Fries, C. C., 1887-1967) によって確立されたのが、**オーディオリンガル・メソッド** (audiolingual method — 以下、**AL法**) と呼ばれる教授法である。AL法は、別名**ミシガン・メソッド** (Michigan Method)、**フリーズ・メソッド** (Fries Method)、**オーラル・アプローチ** (Oral Approach) とも呼ばれる。

行動主義心理学
AL法は、その理論的裏付けを、構造言語学だけでなく、**行動主義心理学** (behaviorist psychology) にも置いている。行動主義心理学とは、**人間や動物の行動を具体的なプロセスのみによって研究する**という心理学の理論で、それによれば、**外国語学習とは外界からの刺激に対して自然に反応できるような習慣を形成する過程**ととらえられる。

このような言語学習観が、「教師の指示 (=外界からの刺激) に対して即座に答えられる (=自然に反応できる) よう

になるまで、練習を繰り返して行う（＝習慣を形成する）ことが大切だ」という主張を生みだした。そして、このような習慣形成のために開発されたのが、**パターン・プラクティス**（pattern practice、→ p.64）と呼ばれる口頭練習である。

AL法の二通りの意味　本書では、ＡＬ法を、「フリーズがASTPを受け継いだ形で発展させたフリーズ・メソッド」という限定された意味で用いている。しかし、フリーズ・メソッドとオーラル・アプローチとASTPには、構造言語学を理論的基盤とする、口頭練習を徹底的に行う、など共通点が多い。そこで、これらの教授法を総称してＡＬ法と呼ぶこともある。

心理学、認知学習理論などに理論的基盤をおく教授法

ＡＬ法が、構造言語学と行動主義心理学を背景とするように、当時の心理学、認知学習理論などに理論的基盤をおく外国語教授法がある。

サイレント・ウェイ

サイレント・ウェイ（Silent Way）は、心理学者である**ガテーニョ**（Gattegno, C. 1911-1988）によって提唱されたが、ガテーニョ自身が述べているように、具体的な教室活動や指導法を規定した「教授法」ではない。

ガテーニョは、母語習得が100％に近い確率で成功していることに注目し、その理由を、「子どもは、未知のものに直面したとき、試行錯誤を経てその正誤に気付き、未知を既知に換える能力を持っている」と結論づけた。そして、「**言語学習は、教師に頼る方法（モデルの模倣や暗記、パターン・プラクティスによる習慣形成）ではなく、学習者の自ら気付き学んでいく能力に教師が働きかけることによって行われるべきだ**」と主張した。

従って、サイレント・ウェイの授業の中心は学習者で、教師はあくまで、学習者の自立を助ける観察者、補助者である。自主性を育てるために、サウンド・チャート（Sound Chart＝音声彩色図）、カラー・チャート（Color Chart）、ロッド（Rods）、語彙チャート（Word Charts）、フィデル（Fidel）、ウォールピクチャー（Wall Picture）などが駆使される。

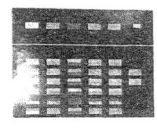
音声彩色図

ロッド

フィデル

コミュニティ・ランゲージ・ラーニング

コミュニティ・ランゲージ・ラーニング（Community Language Learning《=CLL》）は、別名**カウンセリング・ラーニング**（Counseling Learning《=CL》）とも呼ばれ、カウンセリングの理論と手順を、カラン（Curran, C. A. 1913~1978）が外国語教育に応用させたものである。外国語学習に「**カウンセラー（=教師）は、新しい環境（=目標言語環境）を脅威に感じているクライアント（=学習者）に安心感を与え、助言者となることによって自立を助ける**」というプロセスを見いだす。

背後からの助言

CLLによる典型的な授業では、学習者を円形に座らせ、教師は学習者の背後に立つ。

学習者は、自分が話したい内容を自由に話してよい。もし、目標言語での言い方が分からないときは、教師に媒介語でその内容を伝え、教師は目標言語での言い方を、学習者が納得するまで何回も耳元でささやく。学習者の発話は、すべてテープレコーダーで録音されるが、スイッチのオン・オフは学習者自身にゆだねられている。

学習者を円形に座らせるのは、教室内に信頼し合えるコミュニティを形成するためであり、教師が学習者の背後に立つのは、脅威とならないためである。

振り返り

この後、録音テープを再生しながら、文型や表現を媒介語で説明する。これは、言語的理解のためだけでなく、自らの学習活動の**振り返り**（Reflection）の機会を持つことによっ

て、学習過程や学習方法を意識化するためである。

トータル・フィジカル・レスポンス

聴解力を重視し、聞いたことに全身で反応する方法を用いることから、**トータル・フィジカル・レスポンス**（Total Physical Response、《＝TPR》**全身反応教授法**）と呼ばれる。心理学者である**アッシャー**（Asher, J. J.）によって提唱された教授法で、「**幼児は話し始める前にあふれるほどの目標言語を聞いている。目標言語による命令に身体で反応し、それを評価されることによって、言語（音声）と動作（意味）を結びつける**」という母語習得の方法をモデル化したものである。

言語と動作を結びつける考え方は、グアン式教授法にも見いだすことができるが、TPRは、母語による翻訳を介入させない。また、「話す準備（readiness to talk）」ができるまで、学習者は話すことを強制されない、という点が特徴として挙げられる。

ナチュラル・アプローチ

ナチュラル・アプローチ（Natural Approach）は、**言語を自然に習得させる**ことを目標とする教授法で、**テレル**（Terrell, T. D.）が母語習得の過程を観察し、実践を積み重ねた外国語教育の方法を、**クラッシェン**（Krashen, S. D.）が、第二言語習得に関する五つの仮説によって理論的に裏付けた。

五つの仮説

① 「習得－学習」仮説
言語能力の獲得には、無意識的な**習得**（acquisition）と意識的な**学習**（learning）の二種類がある。

② 「自然順序」仮説
母語習得における文法要素の習得には、**自然な一定の序列**（natural order）が認められる。

③ 「モニター」仮説
学習から得た言語体系は発話の産出には貢献せず、発話の正確さをチェックする**モニター**（monitor）の役割しか果たさない。

④ 「インプット」仮説
発達段階を少しだけ越えた構造（i＋1）_{アイプラスワン}がインプットされたとき、習得が進む。

⑤ 「情意フィルター」仮説
学習に不安を持っていると、**情意フィルター**（affective filter）がかかり、インプットが機能しない。

サジェストペディア

サジェストペディア（Suggestopedia、**暗示式教授法**）は、精神科医であった**ロザノフ**（Lozanov, G.）が、暗示学（Suggestology）の理論を外国語学習に応用させた教授法である。

ロザノフは、学習者の心理的障壁（anti-suggestive barriers）を取り除き潜在能力を引き出すことによって、驚くほどの速さで言語習得を進められると主張した。そのためには学習者が、①緊張から解放されてリラックスした心理状態になり、②顕在意識と潜在意識を統合・活用し、③潜在能力に働きかけて活用する、ということを三原則とした。

学習への不安やストレスを取り除き、できるだけくつろげる環境を作るために、教室からは、いわゆる「教室的要素」が排除される。例えば、快適なじゅうたんを敷いて床に自由な格好で座れるようにしたり、明るさを落とした照明にしたり、音楽をかけたりする。また、心理的障壁を取り除く手段としてロール・プレイが用いられる。

コミュニカティブ・アプローチ

上で述べてきた新しい教授法が台頭する中、1970年代に現われたのが**コミュニカティブ・アプローチ**(communicative approach)である。

コミュニカティブ・アプローチとは、**コミュニケーション能力の獲得を目的とする教授法の総称**で、特定の指導方法や教室手順を指すものではない。その意味では、「教授法」というより「考え方(approach)」と呼ぶ方が適当である。コミュニカティブ・アプローチが生まれたきっかけといえるのが、**ウィルキンズ**(Wilkins, D. A.)による**概念シラバス**(Notional Syllabus)の作成と、**ハイムズ**(Hymes, D.)による**コミュニケーション能力**(communicative competence)**の提唱**である。

概念シラバス

英国のウィルキンズは、外国語教育プログラムの開発を行っていたヨーロッパ協議会(Council of Europe)の依頼によって、新しいシラバス作成に着手し、**概念シラバス**(Notional Syllabus)として、1976年にこれを発表した。概念シラバスとは、言語の構造ではなく、**概念(動作の開始や継続、頻度や順序、行為者、手段など)とコミュニケーションにおける伝達機能(要求、受諾、拒否、感情表明など)の側面から、言語を記述・分類したシラバス**である。

コミュニケーション能力

コミュニケーション能力(communicative competence)とは、言語能力(linguistics competence)に相対する概念として、米国の社会言語学者ハイムズが1972年に提唱したもので、**言語の体系だけでなく使い方も含めた知識と運用能力**をいう。

文法翻訳法からこれまで、さまざまな新しい外国語教授法が提唱され、実践されてきた。そして「翻訳を介在させると意味が適切につかめない」「口頭練習を繰り返すと言語習慣が形成される」「学習者が欲するまで発話を強要するべきではない」「学習を促進させるには音楽を聴かせて学習者をリラックスさせるのがよい」といった主張がなされてきた。し

かし、これらの教授法には、言語観や言語習得観の違いに支えられた「教え方」のバリエーションであり、その背景には、どんな教え方を採るにせよ、とにかく文法知識を身につければあとは自然に使えるようになるという、暗黙の前提があった。

これに対して、コミュニカティブ・アプローチでは、「どう教えるか」よりも、むしろ、言語のどの側面（文法体系か言語運用か）を教えるか、つまり「何を教えるか」の吟味に重点をおく。また、「教え方」や「教える内容」にバリエーションがあるとすれば、それは、教授者側の言語観や言語習得観の違いというより、むしろ、個々の学習者の違いに応じたものなのである。

JGPとJSP

「学習者に合った内容」という考え方を端的に示すのが、JGPとJSPである。JGPとは Japanese for General Purpose（＝一般的な目的のための日本語）、JSPとは Japanese for Specific Purpose（＝特定の目的のための日本語）のそれぞれの頭文字をとったものである。

それまではどの外国語授業でも、「一般的な外国語（Language for General Purpose）」が、教えられていた。教養や知的訓練のために外国語を学ぶのであれば、ごく一般的な発音、文型、語彙を身につけるので十分だったのである。

これに対して、特定の目的や職業に応じた効率的な外国語教育のためには、学習者のニーズに合ったコースが用意される必要がある。そこで、1960年代後半に、まず英語教育において EGP（English for General Purpose）に対する ESP（English for Special / Specific Purpose）が提唱され、その影響を受けて生まれたのが、JSP である。

このように、JSPという語は、**学習者のニーズに応じたコース・デザイン**を行う立場を示したものであり、特定の教授法や教材を指すものではない。

JGPからJSPへの変遷は、「『NハNデス』と『コンニチハ』のどちらを先に教えるか」「自己紹介の会話にどのような場面を設定するか」「敬語を教えるか」のように、シラバ

コミュニカティブ・アプローチとオーディオリンガル・メソッド

ス・デザイン、カリキュラム・デザイン、学習者のニーズを取り込むという点で、画期的なものといえる。

『日本語教育におけるコミュニカティブ・アプローチ』には、下のような対照表が挙げられている。

ALMとCLTの対照 — まとめ —

		[ALM]	[CLT]
何ニ基ヅキ	言語観	構造主義言語学 単文単位 話し言葉重視 文脈不問 対照言語学的分析	機能主義言語学 談話単位 話し言葉も書き言葉も 文脈重視 中間言語分析
	言語学習観	刺激－反応 習慣形成 構造の学習	learning by doing language for use コミュニケーションの学習
	言語教育観	教師ロール中心	学習者ロール中心
何ヲ	シラバス	構文シラバス 基本文型から派生文型へ 易しい文型から難しい文型へ	ノーショナルシラバス ファンクショナルシラバス 項目間の順序は多様
ドノヨウニ	教室活動	Mimicry & Memorization Pattern Practice Controlled Conversation 口頭練習重視 誤りの訂正を重視 誤りは母国語の影響 形の正確さ重視 (accuracy oriented)	インフォメーションギャップ チョイス、フィードバック 問題解決型活動 談話練習 誤りの訂正は重視しない 誤りは言語習得の過程的現象 流暢さ重視 (fluency oriented)

岡崎敏雄・岡崎眸、日本語教育学会『日本語教育におけるコミュニカティブ・アプローチ』(凡人社) より
(注：ALM＝オーディオリンガル・メソッド、CLT＝Communicative Language Teaching)

まとめ

　コミュニカティブ・アプローチは、その成立経緯から、オーディオリンガル・メソッド（以下AL法）との対比で語られることが多い。しかし、現在のコミュニカティブ・アプローチは、「反AL法」と一言ではくくることができないほどの広がりをみせている。コミュニカティブ・アプローチは、従来の教授法と異なり、コミュニケーション能力の獲得を目指す教授法の総称であり、教室活動の手順や媒介語使用の可否に細かな制約があるわけではない。逆に言えば「何でもあり」なのである。古典文学の研究者を目指すのであれば、文法翻訳法に勝る学習法はないし、正確さを目指した口頭練習には、AL法のパターン・プラクティスを取り入れるのが効果的である。

基本問題

問題1 次の(1)〜(5)は、ある外国語教授法を説明したものである。これについて、以下の問いに答えよ。

(1) 外国語学習を「習慣形成の過程」ととらえる。そのためにパターン・プラクティス（pattern practice）と呼ばれる口頭練習が開発された。

(2) 聴解力を重視し、聞いたことに全身で反応する方法を用いる。母語による翻訳を介入させない、話す準備ができるまで学習者は話すことを強制されない、という特徴がある。

(3) 典型的な授業では、文法規則の説明、対訳による単語の理解、翻訳練習などが行われる。外国語を学習する目的は、目標言語で書かれた文学作品が読めるようになることであり、外国語学習は、学生の知的成長にも寄与すると考えられている。

(4) 「コミュニケーション能力の獲得を目的とする教授法の総称」のことで、特定の教え方や教室作業を規定するものではない。効率的な外国語学習のためには、学習者のニーズに応じたコース・デザインが重要であるとされる。

(5) 幼児が母語を習得していく過程を外国語教育に応用した。すべての出来事を、「小さい出来事の連鎖（series）」として記述するため、別名シリーズ・メソッドとも呼ばれる。

問1 (1)〜(5)は、それぞれどの教授法についての説明か。あてはまるものを、それぞれa〜jのうちから一つずつ選べ。

　　a　ベルリッツ・メソッド　　　b　オーディオリンガル・メソッド
　　c　TPR　　　　　　　　　　　d　コミュニカティブ・アプローチ
　　e　文法翻訳法　　　　　　　　f　CLL
　　g　サイレント・ウェイ　　　　h　サジェストペディア
　　i　グアン式教授法　　　　　　j　オーラル・メソッド

問2 (1)〜(5)の教授法を、古いものから順に並べよ。
　　　(　　)→(　　)→(　　)→(　　)→(　　)

解答　問題1　問1　(1)b　(2)c　(3)e　(4)d　(5)i
　　　　　　　　問2　(3)→(5)→(1)→(2)→(4)

解説 問題1 p.157の年表と合わせて、各教授法の特徴と全体の流れを把握しておくこと。

応用問題

問題1 次の（1）～（3）は、ある教授法による外国語授業の様子を記述したものである。それぞれ、どの教授法を用いた授業と考えられるか。a～jのうちから一つずつ選べ。

（1） われわれが教室に入ってまず気づいたのは、この教室がこれまで見てきた他のすべての教室と比べて大変異なっているということである。学生たちはクッションのついたひじ掛け椅子に座り、半円形になって教室の前方を向いている。（中略）教師は学生たちにアラビア語（筆者注：母語）で挨拶し、これから言語学習で新しい楽しい経験をすると話す。そして、「学ぼうとする必要はありませんよ。自然に身についてきますから、ゆったりと座って楽しんでください」と自信をもって言う。

（2） 最初は誰も話さない。すると若い女性が手を上げる。教師は彼女（筆者注：インドネシア人学習者）の椅子の方へ歩いていってその背後に立つ。彼女は"selamat sore"と言う。先生は"Good……"と訳す。彼女はマイクのスイッチにちょっと戸惑った後、テープに"Good"と録音してスイッチを切る。教師はそれから"evening"と言って、彼女も"evening"とマイクに言おうとするが、"eve……"としか言えない。

（3） a ping rodと言おうとした最初の生徒は、pinkの発音がうまくできない。生徒が教師のほうを向くと、彼は他の生徒に身振りで合図する。1人がpinkと言い、教師はその生徒の発音を受け入れる。最初の生徒がもう1度言ってみる。今度はうまく発音することができ、教師も受け入れる。この句がうまく言えない生徒が他にもいる。教師はこの句に含まれる単語をそれぞれ指を使って表わし、この句が3つの単語からできていることを示す。そして、2番目の指を叩いて、この生徒の場合は2番目の単語がまずいことを示す。

D. ラーセン・フリーマン著、山崎真稔・高橋貞雄訳
『外国語の教え方』（玉川大学出版部）より

a　ベルリッツ・メソッド　　　b　オーディオリンガル・メソッド
c　TPR　　　　　　　　　　　d　コミュニカティブ・アプローチ
e　文法翻訳法　　　　　　　　f　CLL
g　サイレント・ウェイ　　　　h　サジェストペディア
i　グアン式教授法　　　　　　j　オーラル・メソッド

解答　問題1　(1)h　(2)f　(3)g

解説　問題1　(1)～(3)の授業風景は、いずれも『外国語の教え方』(玉川大学出版部)からの抜粋である。
(1)「教室内の様子が普通の教室と違う」という説明から、サジェストペディアであることがわかる。これは、学習者にくつろいだ快適な環境を提供するためである。授業の始めに、教師が母語で学習者に挨拶し、授業の概略を説明するのは、学習に対する心理的障壁を取り除き、学習を促進させるためである。
(2)「教師が学生の背後に立つ」という説明から、CLLであることが分かる。CLLでは、外国語学習を「助言者(＝教師)の助けを借りて、新しい環境(＝目標言語環境)で自立していくプロセス」とみる。学習者の正面に立つことは、学習者にとって脅威や権力の誇示となるので、助言者に徹するために、背後に立つのである。また、発話を強要したり、教材を与えたりしないのは、学習者の自立性を最大限に尊重するためである。
(3)「教師の発話がほとんどみられない」ことから、サイレント・ウェイであることがわかる。生徒の発音が誤っている個所を指摘するだけで、教師が正しい発音を示さないのは、生徒にできるだけ多くの自己訂正の機会を与えることによって、自分の言葉が正しいかどうかを判断するための「内的基準」を、自らの中に作らせるためである。

エキスパート編

外国語教授法から何を学ぶか

　入門編では、さまざまな外国語教授法について、史的変遷に沿って眺めてきた。

　エキスパート編では、これらの教授法について「そこから何を学ぶか」という観点からとらえ直してみたい。

指導技術を学ぶ

　まず思いつくのは、そこで提唱された具体的な指導技術や教室活動を、自分の授業でも使ってみることである。第2章でも取り上げたように、オーディオリンガル・メソッドのパターン・プラクティスは、口頭での正確さを意図した練習としては現在でも有用である。また、サジェストペディアで取り入れられたロール・プレイは、**学習者を心理的解放に導く**だけでなく、**教室内に現実のコミュニケーション場面を持ち込む手段**としても有効である。

教具を利用する

　サイレントウェイでは、フィデル、ロッド、カラーチャートといった、独特の教具が用いられている。それらを使いこなすには、特別な教師トレーニングが必要であるし、「初級から上級まで」「会話授業から作文授業まで」すべての授業をサイレントウェイだけで行うというのも、現実的ではない。そのため、表面的な教室活動や教具だけに目を向けたのでは、「サイレントウェイから学ぶといっても、フィデルやロッドは持っていないし……」と、ネガティブな方向に行きがちだが、発音練習をするときに、五十音図や文字カードではなく、音声彩色図（あるいはそれを応用した図）を使ってみるというのはどうだろう。文字を介さないので、音そのものに集中できるし、表記と混乱することもない。また、音声彩色図は、すべての音を一度に示しているので、いまどこを学んでいるのか、これからいくつの音を学ぶのかを、学習者自身が把握できる。

教師の分業

　ASTPでは、上級教師とドリル・マスターとに、教師の

仕事が分業されていた。英語（媒介語）での文法説明を行うには言語学者が、口頭練習のモデルを提示するには目標言語の母語話者が、それぞれ最適だと考えられていたためである。上級教師は口頭練習を行わなかったし、ドリル・マスターは文法説明が許されていなかったが、ここまで極端でないにしても、ＡＳＴＰにみられる教師の分業は、次のような場面で参考になる。

　まず、学習者の母語や媒介語が使える教師と、使えない教師がチーム・ティーチングのメンバーにいる状況で、「母語（媒介語）ができる教師が説明を行い、その後、そうでない教師が練習に重点をおいた教室活動を行う」という分業が考えられる。チームとして最良の布陣を考えたとき、教師の役割が一人一人違うこともあるだろう。このような状況で、教師全員が同じ形態、内容で授業を進めることにしたのでは、母語（媒介語）が使える教師の良さが生かされず、もったいない。ただし、安易にこの分業態勢をとると、母語（媒介語）ができるかどうかで、学習者が教師に優劣をつけるかもしれないので、それぞれの教師が互いの役割分担を納得しあい、学習者にも「教師の能力ではなく、目的による授業の違い」であることを、きちんと伝えておくなどの配慮が必要である。

　次に、チーム・ティーチングではなくても、ASTPの分業から学ぶところがある。１人の教師であっても、あたかも、上級教師とドリル・マスターがいるように、２通りの授業を行うのである。教材や教具を違えるのでも良いし、午前午後、曜日など時間で区切るのでも良い。教室のいすと机の配置や教師が立つ位置を変えるなど、ほかにも方法はいろいろ考えられる。「日本語の使用を促す」という点で、教師と学習者の母語（媒介語）使用を制限することは大切だが、特に、成人学習者の場合、母語（媒介語）を使って納得するまで質問できる機会があることは、効率的だし、安心感を与える。しかし、ひとたび、母語（媒介語）の使用を許せば、ついそれに頼りたくなる学習者の心情もよくわかる。そこで、母語

（媒介語）を使ってよい場面とそうでない場面のけじめをつけるために、2通りの授業をはっきり区別して行うのである。

コミュニティの成立

CLLでは、学習者の自立を促すために「話したいことを自由に話す」という教室活動を行うが、そこでは、信頼し合えるコミュニティの形成が前提とされている。そのため、学習者を円形に座らせる、教師が学習者の背後に立つ、などさまざまな配慮がなされてきた。しかし、「コースが始まったばかりで、まだお互いのことがよく分からない」「地域の日本語教室で、受講者の顔ぶれが毎回変わる」「教師がとても厳しいので学習者がいつも緊張している」というように、教室内に信頼しあえるコミュニティが形成されているとは言えない状況もある。このようなとき、「話したいことを自由に話す」部分だけを取り入れたのでは、うまくいかないこともあるだろう。自由に話させたいのであれば、それができる環境づくりが大切で、それは「自由に何でも話しなさい」という指示を与えれば、簡単に実現できるというものではない。

精神や考え方を学ぶ

最後に考えたいのは「精神、考え方を学ぶ」という点である。サイレントウェイに限らず、「いま何を学んでいるのか、これから何を学ぶのか」を、学習者と教師が共有することは大切である。教師が授業の中で教えられる内容と時間には自ずと限界がある。

特に、成人学習者であれば、単に知識を詰め込むのではなく、既に持っている認知能力や母語の知識に、学習者自身が気づき、それを最大限に利用できるように教室環境を整える方が有効である。そのためには、「自分の言葉が正しいかどうかを判断するための『内的基準』を自らの中に作る」という、サイレントウェイの精神は大いに学ぶべきだし、「誤りの個所は示しても正しい答えを安易に示さない」という方法も、応用できるかもしれない。

まとめ

　時代の変化、新しい理論の台頭によって、さまざまな変化を遂げてきた教授法には、それぞれ一定の教育効果が認められる。

　本章で述べてきた教授法の変遷も、「過去の遺物」としてただ批判的にとらえたり、「日本語教育能力検定試験対策」として丸暗記するのでは、もったいない。「歴史から学び、役に立ちそうなら使ってしまおう！」という意気込みでとらえていく姿勢が、より建設的で、より有意義である。

参考文献

本書は、「日本語の教え方」について、できるだけ多くの内容を、分かりやすく盛り込むことを目指しましたが、限られた紙数や言葉足らずのために、説明が不十分であると感じられるかもしれません。「ｘｘについてもっと知りたい」と思われた場合は、こちらの参考文献リストもご活用ください。

日本語教育全般

- *A Dictionary of Linguistics and Phonetics*, Crystal, D.：Blackwell.
- 『日本語教育事典』日本語教育学会編（大修館書店）
- 『日本語教育ハンドブック』日本語教育学会編（大修館書店）
- 『NAFL選書1　日本語教育入門用語集』『日本語教師読本』編集部（アルク）
- 『改訂新版　日本語教授法』石田敏子（大修館書店）

コース・デザイン

- 『日本語教育機関におけるコース・デザイン』日本語教育学会編（凡人社）
- 『日本語教育の方法―コース・デザインの実際―』田中望（大修館書店）

教室活動、教材・教具

- 『VIDEO日本語の教え方実践シリーズ［1］教え方のコツ　公開！授業のすべて』清ルミ（アルク）
- 『VIDEO日本語の教え方実践シリーズ［2］教室活動1・2・3　学習項目の提示からロールプレイまで』横溝紳一郎（アルク）
- 『創造的授業の発想と着眼点』清ルミ（アルク）
- 『ドリルの鉄人』横溝紳一郎（アルク）
- 『日本語教師トレーニングマニュアル⑤　日本語教授法を理解する本　実践編　解説と演習』三牧陽子（バベル・プレス）
- 『日本語教育指導参考書21　視聴覚教育の基礎』国立国語研究所編（大蔵省印刷局）

評価・テスト

- 『入門日本語テスト法』石田敏子（大修館書店）
- 『日本語教育テストハンドブック』日本語教育学会編（大修館書店）
- *Testing in Language Programs,* Brown, J.E.：Prentice Hall Regents.

教授法

- 『日本語教育におけるコミュニカティブ・アプローチ』日本語教育学会編、岡崎敏雄、岡崎眸（凡人社）
- 『日本語教授法ワークショップ』鎌田修他編（凡人社）
- 『NAFL選書13　日本語教育史』関正昭、平高史也編（アルク）
- 『現代英語教授法総覧』田崎清忠（大修館書店）
- 『日本語教師トレーニングマニュアル④　日本語教授法を理解する本　歴史と理論編　解説と演習』西口光一（バベル・プレス）
- 『外国語の教え方』D・ラーセン-フリーマン著、山崎真稔、高橋貞雄訳（玉川大学出版部）
- *A History of English Language Teaching,* Howatt A.T.R.：Oxford University Press.
- 『日本語教育史研究序説』関正昭、（スリーエーネットワーク）

語彙索引

【あ行】

アーミー・メソッド(Army Method) **164**
(i + 1) 170
A C T F L(American Council on the Teaching of Foreign Languages) 131
アッシャー(Asher J.J.) 157. **169**
アンケート(質問紙)法 **27**
暗示学(suggestology) 91. 170
E S P(English for Special/Specific Purpose) **172**
E G P(English for General Purpose) 172
E W M(Exact Word Method) **141**
イエスペルセン(Jespersen,O.) 157. **161**
意識調査 32
一般的な外国語(Language for General Purpose) **172**
意味ドリル(meaningful drill) **65**
インタビュー（面接） 132
インタビュー・タスク(interview task) **69**
インタビュー・テスト(面接テスト) **141**. **142**
インタビュー(面接)法 **27**
インタラクティブ（双方向的）な機能 **108**
インフォーマル・スタイル(informal style) **75**. 93
インフォメーション・ギャップ (information gap) **67**. **105**
「インプット」仮説 170
ヴィエトー(Viëtor, W.) 157. **161**
ウィルキンズ(Willkins,D.A.) 157. **171**
ウォーミング・アップ **59**
ウォール・ピクチャー(Wall Picture) **167**
受け入れ側 **26**
A S T P 157. 166. 178. **164**
A W M(Acceptable Word Method) **141**
絵教材 68. **112**. **122**
S 曲線 **147**
S‐P 表(Student-Problem Table) **147**
O H P(Over Head Projector) **113**
───シート **113**
オーサリング機能 **108**
オーディオリンガル・メソッド (Audiolingual Method AL法) 64. 157. **165**. 166. 173. 178.
O P I(Oral Proficiency Interview) 44. **131**. 142. 151
オーラル・アプローチ(Oral Approach) **165**. 166
オーラル・メソッド(Oral Method) 157. **162**
音声彩色図 **167**. 178

【か行】

外国語教授法の歴史 156
外国人児童生徒 **24**
外的環境 **30**
概念シラバス(Notional Syllabus) **171**
会話 62
カウンセラー 168
カウンセリング・ラーニング(Counseling Learning, C L) **168**
書く技能(writing skills) **60**
学習(learning) 170
学習者 **24**. 167
───の多様化 **24**.
───の背景情報 **30**
学習条件 29. 30
学習条件調査 23. 25. **30**.
学習スタイル **30**
学習目的 **24**. 25. **54**
学習履歴 **105**
「書く」ための教室活動 **71**
拡張ドリル(expansion drill) **64**
課題シラバス **40**
片仮名 71. 102. 111
活用形(form) 93
ガテーニョ(Gattegno, C) 157. **167**
可変シラバス **43**
カラー・チャート(Color Chart) **167**. 178
カラン(Curran,C.A.) 157. **168**
カリキュラム・デザイン 23. **44**. 99
漢字 **72**. 100
漢字仮名混じり 100
漢字教材 **72**
漢字圏学習者 **72**
完成ドリル(completion drill) **64**
擬音語 35
機械ドリル(mechanical drill) **65**
聞く技能(listening skills) **60**
「聞く」ための教室活動 **78**
既習者 **29**
基礎語彙 **36**
気付き **167**
機能シラバス(functional syllabus) **40**
技能シラバス **41**
規範意識 **33**
基本語彙 **36**
客観性 **129**. 136
客観テスト(objective test) **136**
キュー（cue、刺激) **64**. **90**. 122
教育漢字 **73**
教育教材(educational material) **102**. 104

教育実施　23.**45**
教材・教具　**45**.59.120
教室活動　**59**.96
─────の種類　**58**
─────の留意点　**95**
教師の内省　**33**
教師の分業　**178**
教授シラバス　**39**
教授法　45
グアン(Gouin, F)　157.159.**160**
グアン式教授法(Gouin Method)　159.**160**.163
空所補充法(fill-in)　**138**
組み合わせ法(matching)　**137**
クライアント　168
クラス分け　135
クラッシェン(Krashen,S.D.)　157.**169**
グラマー・スクール(grammar school)　156.158
グループ・レッスン　**22**
クローズ・テスト(cloze test)　**140**
敬語　55
経済的条件　**30**
形成的評価(formative evaluation)　**127**.133
敬体　**75**.93
結合ドリル(combination drill)　**64**
原型シラバス　**38**
言語運用　**31**
─────の実態　**33**
─────能力の養成　102
言語学習適性(language aptitude)　29
─────適性調査　23.25.127
─────適性テスト(language aptitude test)
　29.**135**
言語技能(language skills)　**25**.**60**
言語資料　38
─────の特徴と限界　**33**
─────分析　23.**36**
言語の4技能(four language skills)　**60**
顕在意識　170
謙譲語　55
語彙チャート(Word Charts)　**167**
効果測定　23.**45**
後行シラバス(a posteriori syllabus)　**42**
構造シラバス(structural syllabus)　**39**
行動主義心理学(behaviorist psychology)　165
口頭での運用能力　**141**
コース・シラバス(course syllabus)　**39**
コース・デザイン　**22**.**24**
─────と評価　**126**
─────の重要性　**51**
─────の流れ　**23**
コース評価(course evaluation)　**152**
五十音図　108.**111**.178
異なり語数　**36**
こまか聞き取り　76.79

コミュニカティブ・アプローチ
　(communicative approach)　157.**171**.173
コミュニケーション・ストラテジー
　(communication strategy)　**35**
コミュニケーション能力(communicative
　competence)　70.**171**
コミュニティ　168.180
コミュニティ・ランゲージ・ラーニング
　(Community Language Learning)　**168**

【さ行】
サイコロジカル・メソッド (Psychological
　Method、心理学的教授法)　160
再テスト法　**128**
採点者の主観　129
採点者の判断　139
サイデンステッカー　165
サイレント・ウェイ(Silent Way)　157.**167**.
　178
サウンド・チャート(Sound Chart)　**167**
作文の指示　91
サジェストペディア(Suggestopedia、暗示式
　教授法)　91.157.**170**.178
産出技能　**60**
─────のための教室活動　**61**
CAI(Computer Assisted Instruction)　**105**.
　108
CAI教材　**106**
CALL(Computer Assisted Language
　Learning)　**105**
CL　157.168
CLL　157.**168**.180.
JSP(Japanese for Specific Purpose、特別な
　目的のための日本語)　**172**
JGP(Language for General Purpose、一般
　的な目的のための日本語)　**172**
ジェスチャー　35
時期的条件　**30**
時間的枠組み　44
自己評価　150.152
「自然順序」仮説　170
事前的評価　**127**.133
シミュレーション(simulation、疑似体験)　85
自然な一定の序列(natural order)　170
写真教材　112
集団準拠テスト(norm-referenced test)　135
習得(acquisition)　170
「習得-学習」仮説　170
主観テスト(subjective test)　**136**.**141**
主教材　98.**99**
熟達度テスト(proficiency test)　**130**.135
受容技能(receptive skills)　**60**.**76**
─────のための教室活動　**76**
情意フィルター(affective filter)　170
「情意フィルター」仮説　170

小会話ドリル　66
上級教師 (senior instructor)　164. 178
常体　75. 93
情報探査　82
常用漢字　73
所有機器　30
シラバス(syllabus)　39. 42. 100
シラバス・インベントリー (syllabus inventry)　38
シラバス・デザイン　23. 39. 99
シラバス項目の配列　44
シリーズ・メソッド（Series Method）　160
真偽法(true-false)　137
診断テスト(diagnostic test)　133. 135
信念　30
信頼性(reliability)　128
心理的障壁(anti-suggestive barriers)　170
スウィート　157. 161
数値目標　44
スキミング(skimming)　76. 79. 82
スキャニング(scanning)　76. 78. 82.102
スキル・シラバス(skill syllabus)　41
素点(raw score)　144
スピーチ　62
スライド(slide)　115
正確に書く　74
─────話す　62
静止画　104
成人学習者　94. 179
精読　76. 79. 83
接触場面(contact situation)　35
折衷シラバス　41
折衷法　129
先行シラバス(a priori syllabus)　42
潜在意識　170
選択肢　136
先輩学習者　26
総括的な評価(summative evaluation)　127
相互作用(interaction)　59
速読モード　76
尊敬語　55

【た行】
ダ・デアル体（ダ体）　75. 93
代入ドリル(substitution drill)　63
多肢選択法(multiple-choice)　136
他者評価　150. 152
タスク・シート　69
タスク・シラバス(task syllabus)　40
妥当性(validity)　129
単純再生法(simple-recall)　137
チーム・ティーチング(team teaching)　100. 179
置換ドリル　63
聴解モード(listening mode)　76

聴解・読解モード　76
直接法(direct method)　157. 163
使い勝手　129
ＴＰＲ　157.167
ディクテーション(dictation)　103
ディスカッション　105
丁寧体　75. 93
テープ教材（audio-tape material、音声テープ教材）　103
適切に書く　75
─────話す　65
デス・マス体　75. 93
テストの評価　128
─────の分類　130
─────結果の処理　144
テレル(Terrell,T.D.)　157. 169
展開　59
動画　104
動機づけ　102. 126
統合的な教室活動　85
到達度テスト(achievement test)　133. 142
─────としてのインタビュー・テスト　142
到達目標　44. 95. 126
トータル・フィジカル・レスポンス(Total Physical Response, TPR　169
独話(モノローグ　monologue)　62
読解モード(reading mode)　76
ドナルド・キーン　165
トピック・シラバス(topic syllabus)　41
トラペン(transparency sheet,トランスペアレンシーシート）　113
ドリル・マスター(drill master)　164. 178
ドリル練習　62

【な行】
内省　33
内容把握モード　76
ナチュラル・アプローチ(Natural Approach)　157. 169
ナチュラル・メソッド(natural method、自然主義教授法）　157. 159
名乗り方　38
生教材(authentic material/raw material)　69. 78. 82. 86. 102. 104
ニーズ(needs)　25. 172
─────の多様化　56
─────調査　23. 25. 30. 56
─────分析(needs analysis)　23. 25. 30
─────領域　25
日本語教育振興協会　153
日本語教育能力検定試験　8. 10. 153
日本語能力試験 (Japanese-Language Proficiency Test)　44. 73. 130. 151
年少者　24. 26
延べ語数　36

【は行】
パーマー（Palmer, H.E.） 157. **162**
媒介語 100. 163. 178
ハイムズ(Hymes,D) 157. **171**
パターン・プラクティス(pattern practice) 62. 64. 90. 166. 178
話し言葉と書き言葉 93
話す技能(speaking skills) 60
「話す」ための教室活動 62
場面シラバス(situational syllabus) 40
場面ドリル(situation drill) 65
反復ドリル 62. 90
P曲線 147
美化語 55
非漢字圏学習者 72
ビデオ教材 104
批評モード 76
表意文字 72
表音文字 71
評価活動の全体像 150
評価基準 142
評価表 142
表記 100
標準偏差(standard deviation,SD) 144
平仮名 71. 100. 106. 111
フィデル(Fidel) 167. 178
フィラー(filler＝埋め草表現) 142
フォーマル・スタイル(formal style) 75. 93
フォネティック・メソッド(phonetic method、音声学的教授法) 157. **161**. 163
フォリナー・トーク(foreigner talk) 35
副教材 99
複合シラバス 41
普通体 75. 93
プライベート・レッスン 22. 42. 52. 153
フラッシュカード(flash card) 110
フリーズ(Fries,C.C.) 157. 165. 166
フリーズ・メソッド(Fries Method) **165**. 166
振り返り(Reflection) 168
ブルーム・フィールド(Bloomfield, L.) 157. **164**
プレーン・スタイル(plain style) 75. 93
プレースメント・テスト(placement test) 135
プレゼンテーション 62
プロジェクト・ワーク 85
プロセス・シラバス(process syllabus) 43
文章教育 71. 74
文章産出テスト 143
文章の目的 94
文体 75
──の使い分け 75
文法シラバス(grammar syllabus) 39
文法翻訳法(Grammer Translation Method) 156. **158**. 171
文末形式(style) 93
平均点(average score) 144

平行テスト法 128
ベルリッツ(Berlitz, M.) 157. 159. **160**
ベルリッツ・スクール 157
ベルリッツ・メソッド(Berlitz Method) 159. **160**. 163
変形ドリル(transformation drill) 63. 90
偏差値 145
弁別的特性(critical feauture) 71. 106
母語習得 167. **169**. 170
母語場面(native situation) 35
補助教材 98
ポライト・スタイル(polite style) 75. 93

【ま行】
マイクロ・スキル(micro skill) 41
まとめ 59
マルチメディア(multimedia) 教材 104. **107**. 108.
ミシガン・メソッド(Michigan Method) 165
未習者 29
ミム・メム練習(mim-mem method) 165
目標言語(target language) 24. 168. 169
──調査 23. **31**
目標準拠テスト(criterion-referenced test) 44. 135
文字カード 71. **108**. 178
文字教育 71
文字認識 82. 102
モジュール型教材 101
モデル会話 51
モデルの提示 103
モニター(monitor) 170
「モニター」仮説 170
問答ドリル(question and answer drill) 64

【や行】
予測テスト(prognostic test) 135
読み手の特定 94
読む技能(reading skills) 60
「読む」ための教室活動 82

【ら行】
ランダム・アクセス(random access) 105
リピート・ドリル(repetition drill) 62
レアリア(realia) 102. 111. 120
レーザー・ディスク 107
──教材 104
レディネス(readiness) 29
──(既習能力)調査 23. 25. **29**. 52. 127
ロール・カード(role-card) 70. **115**
ロール・プレイ(role-play) 70. 91. 115. 142. 178
ロール・プレイの状況設定 91
ロザノフ(Lozanov, G.) 157. **170**
ロッド(Rods) 167. 178

【わ行】
話題シラバス **41**

---

a posteriori syllabus **42**
a priori syllabus **42**
achievement test **133**
acquisition　170
A C T F L (American Council on the
　Teaching of Foreign Language)　131
affective filter　170
Army Method　**164**
Asher J.J.　**169**
A S T P　**164**
Audiolingual Method　**165**
authentic material　**104**
average score　**144**
A WM (Acceptable Word Method) **141**
behaviorist phycology　165
Berlitz Method　159
Berlitz, M.　159
Bloomfield, L.　164
C A I (Computer Assisted Instruction)　**105**
C A L L (Computer Assisted Language
　Learning)　**105**
C L　**168**
C L L　**168**
cloze test　**140**
Color Chart　**167**
combination drill　**64**
communication strategy　**35**
communicative approach　**171**
communicative competence　**171**
Community Language Learning (→CLL)
completion drill　**64**
contact situation　**35**
Counseling Learning (→C L)
course evaluation　**152**
course syllabus　**39**
criterion-referenced test　**135**
critical feauture　**71**
cue　**65**
Curran,C.A.　**168**
diagnostic test　**133**
direct method　**163**
drill master　**164**
educational material　**102**
E G P (English for General Purpose) **172**
E S P (English for Special/Specific
　Purpose)　**172**
E WM (Exact Word Method) **141**
expansion drill　**64**
Fidel　**167**
fill-in　**138**

filler　**142**
flash card　**110**
foreigner talk　**35**
formal style　**75**
formative evaluation　**127**
four language skills　60
Fries Method　**165**
Fries,C.C.　**165**
functional syllabus　**40**
Gattegno,C　**167**
Gouin Method　**160**
Gouin, F　**160**
grammar school　158
grammar syllabus　**39**
Grammer Translation Method　**158**
Hymes,D　**171**
(i + 1)　**170**
informal style　**75**
information gap　**67**
interaction　59
Japanese-Language Proficiency Test　**130**
Jespersen, O.　**161**
J G P (Language for General Purpose)　**172**
J S P (Japanese for Specific Purpose)　**172**
Krashen,S.D.　**169**
language aptitude　**29**
language aptitude test　135
language skills　60
learning　170
listening mode　**76**
listening skills　**60**
Lozanov,G.　**170**
matching　**137**
meaningful drill　**65**
Michigan Method　**165**
micro skill　**41**
Mim-Mem Method　**165**
monitor　170
monologue　62
multimedia　**107**
multiple-choice　**136**
native situation　**35**
Natural Approach　**169**
natural method　**159**
needs　25
needs analysis　**25**
norm-referenced test　**135**
Notional Syllabus　**171**
objective test　**136**
O H P (Over Head Projector)　**113**
Oral Approach　**165**
Oral Method　**162**
O P I (Oral Proficiency Interview)　**131**
Palmer, H.E.　**162**
pattern practice　**166**

phonetic method **161**
placement test **135**
plain style **75**
polite style **75**
process syllabus **43**
proficiency test **130**
prognostic test **135**
project work **85**
Psychological Method 160
question and answer drill **64**
random access **105**
raw material **102**
readiness **29**
reading mode **76**
reading skills **60**
realia **111**
receptive skills **76**
Reflection **168**
reliability **128**
repetition drill **62**
Rods **167**
role-card **115**
role-play **70**
row score **144**
scanning **82**
senior instructor **164**
Series Method 160
Silent Way **167**
simple-recall **137**
simulation **85**
situation drill **65**
situational syllabus **40**
skill syllabus **41**
skimming **79**
slide **115**
Sound Chart **167**
speaking skills **60**
standard deviation, SD **144**
structural syllabus **39**
Student-Problem Table **147**
style **93**
subjective test **136**
substitution drill **63**
suggestology 170
Suggestopedia 170
summative evaluation **127**
Sweet, H. **161**
syllabus **39**
syllabus disign **39**
syllabus inventry **38**
target language **24**
task syllabus **40**
team teaching **100**
Terrell,T.D. **169**
topic syllabus **41**

T P R (Total Physical Response) **169**
transformation drill **63**
transparency sheet **113**
true-false **137**
validity **129**
Viëtor, W. **161**
Wall Picture **167**
Willkins, D.A.   157. **171**
Word Charts **167**
writing skills **60**

이해하기 쉬운 교수법

- 2004년 6월 14일 초판 발행
- 2004년 6월 14일 1판 1쇄 발행
- 지은이 : 小林ミナ
- 펴낸이 : 윤석산
- 펴낸곳 : 도서출판 **語文学社**
- 등록일자 : 2004년 4월 6일
- 등록번호 : 제 7-276호
- 주소 : 서울 도봉구 쌍문동 525-13
  TEL. (02) 998-0094 FAX. (02) 998-2286
  URL http://www.amhbook.com
  E-mail am@amhbook.com

Copyright © 2004

* 이 교재의 내용을 사전 허가 없이 전재하거나 복재할 경우 법적인 제재를 받게 됨을 알려드립니다.
* 잘못된 책은 구입하신 서점이나 본사에서 교환해 드립니다.
* 정가는 표지에 있습니다.

일본 アルク와 라이센스 독점 출판

ISBN 89-91222-12-9 13730